POLITIQUE

ET

ORGANISATION COLONIALES

(PRINCIPES GÉNÉRAUX)

PAR

A. BILLIARD
Administrateur de Commune mixte en Algérie
Officier d'Académie
Officier du Nicham Iftikar

PARIS
V. GIARD & E. BRIÈRE
Libraires-Editeurs
16, RUE SOUFFLOT, 16

1899

POLITIQUE

ET

ORGANISATION COLONIALES

POLITIQUE

ET

ORGANISATION COLONIALES

(PRINCIPES GÉNÉRAUX)

PAR

A. BILLIARD
Administrateur de Commune mixte en Algérie
Officier d'Académie
Officier du Nicham Iftikar

PARIS
V. GIARD & E. BRIÈRE
Libraires-Editeurs
16, RUE SOUFFLOT, 16

1899

OBSERVATIONS PRÉLIMINAIRES

Depuis un quart de siècle, la France est devenue une des premières puissances coloniales du monde : dès maintenant, en effet, ses populations sujettes atteignent vingt millions d'âmes et, par la seule force d'attraction, tendront à augmenter encore. Ce résultat n'est pas le fruit de desseins délibérés : les circonstances, le plus souvent, nous ont lancés dans une voie que beaucoup de nos hommes politiques répugnaient à suivre. Néanmoins aujourd'hui, en présence du fait accompli, nul ne songe à répudier des conquêtes chèrement acquises. La question qui s'impose, c'est de les organiser, de les consolider et d'en tirer, avec le minimum possible de frais, la plus grande somme d'avantages qu'elles soient susceptibles de rendre. Question grave et grosse de conséquences ! Car, si à la rigueur on peut conquérir par surprise, si la bravoure des troupes peut suppléer dans une certaine mesure au défaut de direction et à l'incohérence de l'impulsion ; pour conserver, organiser et exploiter un empire colonial, les conditions *sine quâ non* sont, après *l'adoption de principes rationnels*, une *imperturbable unité et continuité de vues dans leur application*. Ces qualités cardinales ne semblent pas avoir été jusqu'ici celles de notre politique coloniale.

Dans nos plus anciennes possessions, la Martinique, la Guadeloupe et la Réunion, nous avons, depuis 1848, sous prétexte d'égalité, simplement renversé les rôles et assujetti politiquement la population de race française à la majorité noire ou métisse.

En revanche, en Algérie, pendant ces vingt dernières années, la race indigène, bien qu'ethniquement supérieure à nos nègres des Antilles ou de l'Océan indien, s'est vue traitée en Ilote. Puis un vent de réaction a soufflé et les déshérités d'hier sont devenus les favoris de l'opinion. Des hommes politiques ont conçu l'idée de faire d'emblée de cette masse ignorante et fanatique un collège de citoyens, sans s'inquiéter de l'usage qui pourrait être fait d'un bulletin de vote si facilement accordé ; d'autres, renchérissant, ont rêvé d'imposer l'obligation du service militaire à tous nos sujets musulmans ; d'autres encore ont vu une panacée universelle dans la diffusion à outrance de l'instruction et ne se sont pas demandé si, en l'état, ces lumières nouvelles ne serviraient pas uniquement à donner aux foules une vision plus nette des abus et, comme conséquence, à fomenter une désaffection plus profonde du vainqueur.

La Cochinchine et le Tonkin, dès qu'ils cessent d'être des champs de bataille, semblent n'être plus considérés que comme les apanages naturels des coryphées des partis politiques au pouvoir, à moins qu'ils ne deviennent un lieu de déportation par persuasion des champions gênants de l'opposition parlementaire. Il est permis de se demander ce que deviennent, dans cette succession de chefs *si divers d'origine, de principes et de doctrines, l'unité de vues et la continuité d'action* sans lesquelles il n'est point de politique coloniale.

A Madagascar, dès la prise de Tananarive, s'est posé le problème « protectorat ou annexion ». Devrait-on gouverner avec, sans ou contre les Hovas? User d'autorité ou procéder par persuasion?... Tous ces divers systèmes ont tour à tour et peut-être même simultanément prévalu. Le seul point sur lequel il n'y ait pas eu hésitation, c'est sur la nécessité d'abolir immédiatement l'esclavage, mais on a oublié de s'inquiéter comment vivrait l'esclave le lendemain de son affranchissement. De ces tergiversations, le premier résultat a été l'échec de l'homme de cœur et de valeur qui avait assumé la tâche impossible de représenter sur la terre malgache une politique encore inconsciente d'elle-même; le second (conséquence inévitable du premier), a été la diminution du prestige de l'autorité française, la révolte et la nécessité de refaire en détail la conquête qu'on avait crue terminée d'un seul coup.

En Afrique occidentale, nous en sommes encore dans la période d'établissement : notre domaine consiste en tronçons épars ; il s'agit d'abord d'en faire un tout. La diplomatie pourra y suffire, pourvu qu'on sache bien que le soldat est à portée, prêt à appuyer le négociateur et fermement résolu à faire respecter les engagements pris. Dans un pareil milieu, il ne peut être question pour le moment que de protectorats, très largement interprétés. Mais demain s'imposera l'application de vues définitives. Il est temps de les étudier ; car on ne saurait songer à considérer comme une solution la parodie d'institutions représentatives inaugurée à Saint-Louis et dans les tribus de sa banlieue.

La Tunisie seule a eu la bonne fortune d'échapper aux tergiversations et aux incohérences. Dès le début, on a voulu franchement un protectorat et il s'est trouvé heureusement un homme d'expérience et d'énergie pour le fonder. Les résultats obtenus jusqu'ici permettent, de ce côté, de bien augurer de l'avenir.

Du rapide aperçu qui précède il résulte que, si la France possède des colonies et si certaines d'entre elles ont atteint un degré relatif de prospérité, c'est grâce à des circonstances particulières et à des initiatives accidentellement bien inspirées plutôt qu'à une impulsion méthodique et raisonnée du gouvernement central. Ce n'est pas que, au sein de plusieurs ministères et dans le monde parlementaire lui-même, des compétences très sérieuses ne se soient révélées ; mais, d'une part, les soucis et les inconstances de la politique quotidienne n'ont pas permis aux uns de poursuivre l'étude de problèmes complexes et ardus avec toute la maturité et la persévérance nécessaires ; d'autre part, l'idéal républicain, naturel à des élus du suffrage, a peut-être légèrement obscurci chez les autres la vision des nécessités de gouvernement dans des milieux absolument différents de nos provinces françaises.

Quoi qu'il en soit, un fait éclate : c'est que, dans notre monde politique, n'existe nulle part, sur la matière, ce fonds commun de principes indiscutés sans lequel, sous un gouvernement d'opinion, il est impossible de sérieusement agir.

Rechercher, déterminer ces grands points de repère destinés à jalonner une route nouvelle : tel est l'objet de l'essai modeste, mais consciencieux, que nous allons entreprendre, guidé par une expérience de dix-huit ans passés dans une de nos grandes colonies.

Tout d'abord une objection s'élève : nos colonies sont très différentes les unes des autres. Elles occupent des points de la terre séparés par des milliers de kilomètres, soumis aux influences de climats très variés. Les populations qui les occupent appartiennent, non seulement à des familles, mais à des races absolument tranchées : Entre l'Arabe ou le Berbère, qui passent immuables à travers les âges, le nègre soudanien, incarnation attardée de l'enfance de l'humanité, et l'Asiatique, qui en représente la caducité, il y a bien plus que des nuances géographiques ; il y a des étapes de civilisation séparées l'une de l'autre par des séries de siècles. Pour une telle diversité de situations, est-il possible de tracer des régles communes ?...

Evidemment il ne saurait être question de soumettre brutalement à un régime uniforme des types de sociétés arrêtés à des points si distants de leur évolution respective. Mais, si nos sujets coloniaux sont dissemblables entre eux par tant d'endroits, n'ont-ils pas aussi quelques réelles et profondes similitudes ? Tous sont encore ou sont redevenus des *primitifs,* aux idées simples et peu nombreuses, fortement imprégnés de croyances traditionnelles et, en même temps, préoccupés surtout d'intérêts matériels ; tous n'ont jamais élevé leurs conceptions gouvernementales au-dessus des différentes formes du despotisme ; enfin, quelques dissemblances qu'ils présentent entre eux, tous en offrent d'infiniment plus profondes encore avec nous, les civilisés. D'un autre côté, contrairement à la situation des Anglais en Australie et dans l'Amérique du Nord (où l'élément indigène a pu être considéré comme quantité négligeable) ce dernier élément, dans toutes nos colonies, se trouve être en nombre prépondérant : d'où contacts nécessaires, nombreux et permanents avec l'élément immigrateur.

Enfin, partout deux intérêts vont se trouver en présence : celui de la Métropole et celui de la Colonie.

Qu'il s'agisse de l'Afrique du Nord ou du Soudan, de Madagascar ou de l'Indo-Chine, *quatre questions* se posent donc, de la plus haute gravité, puisque de leur solution dépend toute notre politique coloniale, comme les conséquences découlent des principes :

1° *Doit-on tendre à l'assimilation, plus ou moins lointaine, des indigènes ou les considérer comme devant être définitivement soumis à un régime autonome ?*

2° *Quelles sont les conditions fondamentales de toute sérieuse colonisation et comment seront réglés les rapports collectifs de la population immigrante avec la population indigène ?*

3° *Sur quelles bases sera fondée l'Administration intérieure des Colonies ?*

4° *Quel sera le degré de dépendance des colonies vis-à-vis de la Métropole et les garanties réciproques des unes à l'égard de l'autre ?*

Avant de discuter ces questions primordiales, peut-être est-il bon préliminairement d'en élucider une autre, que d'aucuns pourront trouver naïve, mais qui cependant, faute d'avoir été nettement posée et tranchée, est devenue souvent, dans les faits, la source de beaucoup de malentendus. Cette question est celle-ci : Quel est l'intérêt poursuivi par les nations civilisées dans leur œuvre d'expansion coloniale ?... *Est-ce celui des populations conquises? Est-ce celui des colons émigrés ? Est-ce celui de la métropole?*

Les partisans conscients de la première de ces théories sont, il faut le reconnaître, en assez petit nombre : ce sont les amoureux d'abstractions, apôtres d'un certain idéal de civilisation et de politique, dont le rêve désintéressé consiste à couler le genre humain tout entier dans un même moule d'institutions offrant à leurs yeux un caractère absolu d'excellence ; on pourrait les appeler les missionnaires des droits de l'homme.

La seconde théorie recrute surtout ses adeptes, beaucoup plus nombreux, parmi les Européens émigrés aux colonies. Race de conquestadors peu soucieux de philanthropie, plus riches d'énergies que de scrupules, elle voit surtout dans les régions nouvellement offertes à son activité un champ à exploiter et dans les indigènes des instruments destinés surtout à lui procurer des profits personnels et immédiats. Généralement imbue d'idées libérales très avancées vis-à-vis de l'autorité gouvernementale, elle révèle, en revanche, dans ses actes, sinon dans ses propos, des tendances vaguement et peut-être même inconsciemment féodales à l'égard des vaincus.

La troisième solution rallie, avec raison, l'immense majorité des contribuables. En prodiguant son sang et son épargne, la France n'a pas entendu poursuivre un vague apostolat humanitaire ni faciliter l'assaut de la richesse à une petite minorité. Sans doute elle estime que sa domination peut et doit entraîner de sensibles améliorations dans la condition des peuples assujettis ; sans doute elle trouve légitime que ses colons obtiennent une rémunération compensatrice de leurs efforts et de leurs risques et son concours dans ce but ne leur fera pas défaut ; mais son objectif principal, celui auquel tout le reste doit être subordonné, c'est l'intérêt général et permanent de la patrie française, c'est-à-dire l'élévation au plus haut point possible de son prestige moral, l'accroissement de sa richesse économique et l'augmentation de sa puissance matérielle.

En conséquence, pour résoudre les quatre questions primordiales ci-dessus posées, tout doit être rapporté et éprouvé à cette unique pierre de touche : *l'intérêt supérieur de la Métropole.*

Mais cet intérêt, par cela même que nous en faisons le pivot de notre étude, il importe de le définir.

D'autres peuples et d'autres époques ont pu chercher dans l'acquisition de colonies un exutoire nécessaire à une population surabondante ; mais telle n'est pas la situation de la France, dont la natalité relative est plutôt en décroissance. La nécessité de son extension coloniale dérive d'une autre cause, commune à toute l'Europe occidentale : la surproduction industrielle, impliquant l'obligation de s'assurer de nouveaux débouchés qui ne puissent nous être fermés par la politique des nations concurrentes. Dans nos colonies, il faut donc voir surtout *un marché privilégié de consommation*. Il en résulte que *la meilleure politique* sera celle qui *assurera le plus promptement, le plus sûrement et le plus économiquement possible la pacification définitive*, condition *sine quâ non* de toute activité commerciale ; que le *meilleur régime gouvernemental* sera celui qui *garantira le mieux la sécurité et l'ordre publics*, sans lesquels les affaires restent inévitablement languissantes ; enfin que *la meilleure administration* sera celle qui *favorisera le plus la consommation de nos produits nationaux*, ce qui *suppose nécessairement la prospérité des populations consommatrices*.

La mise en lumière de ces principes va nous permettre d'élucider plus sûrement les problèmes ci-dessus posés.

PREMIÈRE PARTIE

Caractère mixte de toutes nos colonies. Importance de la question indigène. Assimilation ou Autonomie.

I

Caractère nécessairement mixte de nos colonies.

Souvent la comparaison a été faite entre nos colonies et celles fondées par la race anglo-saxonne dans l'Amérique du Nord et en Australie, et le degré de prospérité atteint par ces dernières a inspiré bien des jugements sévères sur nos aptitudes colonisatrices. Nos rivaux, en effet, ont singulièrement simplifié la question, en anéantissant plus ou moins complètement les races autochthones et en leur substituant des sociétés purement européennes, aux facultés productrices et consommatrices incomparablement supérieures.

Nous ne voulons pas nous appesantir sur ce que de tels procédés peuvent offrir d'inconciliable avec les traditions d'humanité de notre race française : car nous

nous sommes imposé pour règle d'écarter de cette étude toutes considérations pouvant être taxées de sentimentales. Mais il nous est permis de remarquer que la France s'est trouvée en face de situations très différentes. Tandis que les Anglais, dans les régions citées ci-dessus, ont rencontré d'immenses espaces disponibles, sans autres compétitions que celles de hordes de chasseurs sans attaches à la terre, faciles à refouler et s'évanouissant presque d'elles-mêmes au contact d'une civilisation puissante et brutale ; dans nos colonies, partout se sont dressés en face de nous des peuples essentiellement agricoles, comprenant des millions d'âmes, vernis d'une teinture de civilisation relative, qui, loin de fuir, ont adhéré obstinément au sol. De ce seul fait, le problème de l'anéantissement ou du refoulement se serait trouvé singulièrement compliqué. Mais il y a plus : l'Amérique du Nord et l'Australie sont situées, pour la plus grande partie, sous des climats privilégiés, où l'Européen s'acclimate sans peine et se livre impunément à n'importe quelle nature de travaux ; nos colonies, au contraire, occupent presque exclusivement ces régions meurtrières où l'homme de race blanche se voit interdit, sous peine de mort, tout labeur physique un peu fatigant. Il s'ensuit que, dans ce milieu, l'emploi du procédé sommaire de l'*anéantissement* n'aurait eu pour effet que *la destruction de la seule main-d'œuvre pratiquement utilisable* et la création d'immenses déserts d'un repeuplement impossible et, par conséquent, sans valeur. Partout où les Anglais ont trouvé des situations identiques à celle de nos colonies, eux-mêmes ont dû renoncer au principe de la substitution des races ; notamment dans l'Inde, où leur ambition n'a jamais visé d'autre but que la domination complète des populations autochthones. Les provinces méridionales des Etats-Unis, pour remplacer leurs indigènes imprudemment détruits, ont dû recourir aux horreurs de la traite et de l'esclavage et aujourd'hui encore, après l'affranchissement des nègres, elles ne se maintiennent à un état de prospérite relative que par le travail des descendants de la population noire à grands frais importée.

A ce point de vue, l'Algérie et la Tunisie semblent, il est vrai, constituer des exceptions : l'Européen peut, non seulement y vivre et s'y reproduire, mais s'y livrer à des travaux physiques. La substitution des races y était donc rigoureusement exécutable. Reste à examiner si elle eut été avantageuse. Nous négligerons, si on le veut, les difficultés militaires et financières d'une entreprise visant une population de plus de trois millions d'âmes, de tempérament naturellement belliqueux et qui se serait trouvé encore surexcité par le désespoir d'une lutte pour l'existence ; nous omettrons d'envisager la fermentation terrible se répercutant dans le vaste corps de l'Islam à la sensation de l'amputation d'un de ses membres ; nous fermerons les yeux sur les germes de haines irréconciliables inoculés sur toutes nos frontières par les débris fugitifs de peuplades de même foi partout accueillies en martyres. Nous supposons l'œuvre accomplie : le vide est fait. Il s'agit de le remplir. Comment y parviendrons-nous ? La France, avec sa natalité décroissante, trouvera-t-elle dans ses flancs les millions de colons nécessaires à la tâche ? En l'admettant encore, un fait inévitable va se produire. La France, en Europe, n'est pas la seule nation méditerranéenne : il en est deux autres, l'Espagne et l'Italie, qui, comme mœurs et comme climat, se rapprochent plus que la France même de nos possessions d'Afrique. L'expérience acquise ne permet pas de douter que ces races prolifiques ne nous inondent, elles aussi, de leurs émigrants. Plus sobres, mieux acclimatés, beaucoup moins exigeants sur les salaires, ceux-ci feront à nos travailleurs français une insoutenable concurrence, les évinceront de partout et substitueront leur masse à celle des travailleurs français ainsi pacifiquement chassés de notre conquête. En somme, le résultat final serait le remplacement d'une population indigène sans cohésion patriotique et, par cela même, peu dangereuse par une véritable colonie étrangère intimement liée de cœur à une métropole européenne, donc en tout temps difficilement gouvernable et prête pour la révolte, le jour où la situation politique offrirait des circonstances favorables.

De cet aperçu il résulte que *partout l'élément indigène est un facteur indispensable de notre action colonisatrice* ; la conclusion, c'est la *nécessité de nettement déterminer la condition qu'il convient de lui assigner.*

II

Théorie assimilatrice. — En quoi elle consiste. — Assimilation des mœurs. — Assimilation des institutions politiques. Leurs difficultés.

Tous les régimes applicables par une nation civilisée conquérante à des populations plus ou moins barbares se réduisent, en définitive, à deux termes généraux : *assimilation* (plus ou moins rapide) ou *autonomie*.

D'après le principe ci-dessus posé, il s'agit simplement de rechercher lequel de ces deux systèmes est le plus conforme à l'intérêt de la mère patrie.

On a souvent remarqué que l'esprit français était d'essence géométrique, c'est-à-dire porté naturellement vers les solutions de caractère logique, simple et absolu. Ce fait explique la tendance instinctive de beaucoup de nos compatriotes à considérer l'adaptation complète des indigènes à nos mœurs et à nos institutions comme devant être le but final de notre politique coloniale. Dans cette conception, l'instituteur est le missionnaire de l'idée libérale ; il la sème dans le cerveau des jeunes générations de toutes races, la cultive et, dès qu'elle a porté ses fruits, le législateur survient qui, d'un seul coup, convie l'homme régénéré à l'égalité de tous les droits et de tous les pouvoirs. L'immensité d'un tel bienfait doit susciter naturellement une immense reconnaissance, de sorte que, malgré l'étendue des mers et la variété des climats, les possessions françaises, des bords de la Méditerranée aux frontières de la Chine, ne forment plus que les membres épars d'une même France, éprise du même idéal et battant du même cœur !

Telle est la théorie absolue, dans toute sa généreuse naïveté. C'est celle des esprits systématiques qui ne connaissent et ne veulent connaître de l'humanité que l'homme abstrait des encyclopédistes. Mais, à la suite de cette opinion-type, s'en échelonnent une foule d'autres, en apparence plus sérieuses, tenant plus grand compte des difficultés et procédant progressivement avec tous les ménagements que peut inspirer la prudence ; toutes néanmoins s'inspirent d'un principe commun : la nécessité de doter, dans un temps plus ou moins éloigné, les indigènes de nos colonies d'un régime représentatif, embryonnaire d'abord, mais destiné à se développer peu à peu conformément à la logique de son principe et devant en somme *aboutir également à l'assimilation définitive*.

Dans tous ces systèmes, s'il y a diversité quant aux moyens, il y a identité quant au but. Or comme c'est leur principe même que nous entendons discuter, tous se trouveront jugés du même coup.

L'assimilation des mœurs (devant entraîner fatalement celle des institutions politiques), est-elle réalisable ?

Dans l'hypothèse affirmative, est-elle désirable, c'est-à-dire conforme à l'intérêt patriotique ?

Tous les philosophes depuis Montesquieu ont démontré que les mœurs, c'est-à-dire la manière particulière à chaque peuple de comprendre et de résoudre les grands problèmes sociaux (conceptions religieuses, constitution de la famille et rapports des familles entre elles), sont tout à la fois les fruits naturels du milieu ambiant et des legs ataviques. Il en résulte que pour substituer, dans un milieu géographique et social très dissemblable, des mœurs étrangères, il faudrait préalablement métamorphoser la nature extérieure et les conditions de la vie économique et abolir dans les âmes la conscience du passé.

L'impossibilité d'une telle œuvre n'a pas besoin d'être démontrée. Mais de ce qu'il y a impossibilité de *substitution*, il ne s'ensuit pas qu'on ne puisse tenter et réussir d'heureuses *modifications*. Dans le monde moral surtout, en effet, tout évolue, mais non suivant les fantaisies arbitraires des hommes ; tout, au contraire, y est régi par d'inéluctables lois. Aussi n'est-il pas douteux que l'apport à des populations barbares d'idées et de doctrines écloses dans nos races occidentales ne produisent en elles des fermentations plus ou moins profondes, génératrices de transformations ; mais ces éléments importés n'agiront pas seuls : ils se combineront avec le substratum complexe des coutumes, des traditions et des préjugés locaux. Quel sera le résultat?... C'est ce qu'il est impossible de sûrement pronostiquer ; mais on peut *a priori* considérer comme certain que ce résultat sera tout différent de celui obtenu chez nous par les mêmes ferments opérant dans un milieu dissemblable. On peut également prévoir à peu près à coup sûr que cette évolution, dans quelque sens qu'elle s'opère, ne se réalisera pas sans tiraillements et sans luttes longues et compliquées. En poursuivant cette œuvre révolutionnaire, nous risquons donc d'ouvrir *une période prolongée de troubles, défavorable aux visées économiques constituant la véritable raison d'être de notre action*, et cela sans aucune certitude d'atteindre finalement un résultat conforme à nos intérêts.

Mais n'est-il pas possible, sans porter atteinte aux mœurs des populations conquises, d'y superposer des institutions politiques conformes à l'idéal des peuples civilisés ?

L'étude attentive des faits nous révèle l'extrême difficulté d'une telle entreprise. Dans le passé, l'histoire nous démontre que des civilisations nombreuses et successives se sont élevées et écroulées sans être jamais parvenues à la conception gouvernementale que nous considérons aujourd'hui comme une vérité hors de discussion. L'Egypte et l'Assyrie n'ont jamais été que des théocraties sacerdotales. La Grèce et Rome elle-même, dont nous prétendons tirer le principe de nos gouvernements modernes, étaient bien des républiques, mais fédératives et fondées sur des religions exclusives de familles ou de cités, au sein desquelles l'asservissement de l'homme à la collectivité payait chèrement la liberté souvent nominale du citoyen. Dans des temps plus rapprochés de nous, tous les pays musulmans sont retombés, comme Memphis et Babylone, sous le régime du despotisme religieux. De nos jours encore, à l'orient de l'Europe, un immense empire s'étend et prospère sans aucune de nos garanties constitutionnelles. Enfin, même dans nos régions occidentales, imprégnées des mêmes croyances religieuses, habitées par des races de même origine, ayant évolué parallèlement à travers les mêmes institutions féodales et monarchiques, les mêmes principes libéraux n'ont pas produit identiquement les mêmes fruits : le parlementarisme anglais, respectueux des traditions et des privilèges, soucieux surtout de liberté, est assez différent du nôtre, amoureux de principes abstraits, enfiévré de préoccupations humanitaires et passionnément épris d'égalité ; à notre frontière de l'est, le libéralisme allemand subordonne assez facilement les garanties du citoyen à la puissance extérieure de la patrie ; enfin, en Espagne et dans toutes les colonies qu'elle a peuplées, la liberté n'a guère su enfanter qu'une perpétuelle anarchie. De la constatation de ces faits n'est-il pas permis d'induire que nos institutions, adaptées à des races encore plus ou moins barbares, en tous cas absolument différentes de nos populations françaises, ne seront que les étiquettes trompeuses de choses profondément différentes, animées d'un tout autre esprit et incapables de converger dans un effort commun ?...

III

Conséquences de l'assimilation politique pour les colonies, pour la Métropole. — Sa condamnation.

Mais supposons l'assimilation politique réalisée et envisageons-en les conséquences ! La plus immédiate, c'est le droit de représentation des indigènes au Parlement national. L'assimilation ne présente aucun sens, si elle ne doit aboutir à ce résultat. D'ailleurs les précédents créés au profit des Antilles, du Sénégal, de la Réunion, etc..., résolvent d'avance la question. Il ne semble pas, il est vrai, que l'introduction dans nos assemblées de ces éléments nouveaux aient produit de fâcheux effets. Le Parlement s'est augmenté de quelques unités, qui se sont disséminées et fondues dans les groupes politiques préexistants : il n'en a été rien de plus.

Mais, dans notre hypothèse, combien différente serait la situation ! Ce qu'il s'agirait de représenter, ce ne serait plus quelques milliers, mais vingt millions d'indigènes, c'est-à-dire une population dès maintenant supérieure à plus de moitié de la population métropolitaine et destinée, par le seul fait de la pacification définitive, à s'accroître dans une proportion impossible à prévoir. Quelques tempéraments qu'on apporte dans l'application, le principe de l'assimilation une fois admis, tel sera, un peu plus tôt, un peu plus tard, le fait qui va s'imposer.

Nous voulons admettre qu'on s'efforcera, au début, de conserver une certaine prédominance à l'élément national, en n'octroyant aux électeurs coloniaux, eu égard à leur nombre, qu'une représentation proportionnellement moindre ; mais cette réduction ne pourra jamais être telle que les élus d'une pareille masse électorale ne constituent une sérieuse puissance parlementaire. Dès lors il n'est pas besoin de beaucoup de clairvoyance pour deviner en quel sens s'exercera cette puissance. En l'état de division de nos partis politiques, où la possession du pouvoir dépend souvent de quelques voix, cette légion de primitifs, plus soucieuse de réalités que de théories, se vendra successivement à tous les partis, et le prix du marché sera *un nombre de sièges de plus en plus grand* concédé aux coloniaux, qui, déclarés en principe égaux aux Français d'origine, revendiqueront logiquement une représentation intégralement proportionnelle au nombre de leurs électeurs. Et il serait illusoire d'espérer que la diversité des colonies établira entre leurs élus un antagonisme de nature à annihiler leurs efforts. Un intérêt commun, primordial, existe, qui les unira au moins jusqu'au jour du triomphe : c'est le principe même sur lequel doit être fatalement fondée notre politique coloniale. Tandis, en effet, que la métropole pose en axiome que tout doit être subordonné à l'intérêt supérieur de la mère patrie, les colonies soutiendront que leurs intérêts particuliers sont tout aussi respectables et forcément elles s'uniront pour faire prédominer ce principe antagoniste. Dès lors, leur succès définitif ne sera plus qu'une question de temps et de circonstances et, pour le réaliser, il suffira de la tactique persévérante d'un groupe compact évoluant dans un milieu affaibli par ses rivalités intestines.

La conséquence d'un tel état de choses, c'est d'abord notre entreprise coloniale aboutissant à une immense duperie, puisque, par le fait même, la France continentale verra s'évanouir dans ses possessions la prépondérance et la situation privilégiée qui sont le but de ses efforts et de ses sacrifices ; puisque ces immenses marchés de consommation où elle entendait conserver un rang particulièrement favorable, dépendront désormais moins d'elle-même que des masses consommatrices.

Mais là ne s'arrêtera pas le danger. L'influence acquise dans le parlement national par cet afflux incessant de députés de toutes origines ne s'exercera pas seulement sur la politique coloniale : elle s'étendra jusqu'aux questions les plus vitales de nos affaires intérieures et internationales. Or quels sentiments apporteront dans l'exercice de ce rôle ces français de création artificielle, étrangers aux origines mêmes de notre race, en qui la communauté séculaire de croyances, d'efforts et de sacrifices n'aura pas fait éclore cette âme collective qui seule anime et constitue les nationalités ? Croit-on que, pour cette foule intruse, la gloire, la prospérité, l'existence même de la patrie française resteront la chose suprême à laquelle tout doit être sacrifié ? Non ! D'autres intérêts plus prochains la guideront, un autre idéal l'inspirera, d'autres traditions la dirigeront, et la vieille Gaule, pour la seconde fois livrée aux Barbares, verra de nouveau s'éteindre un des plus brillants flambeaux de la civilisation occidentale sous le flot montant des races inférieures coalisées.

Ce que la théorie assimilatrice recèle dans ses flancs, c'est donc :

1° Pour le présent et pendant une période assez longue, situation troublée des colonies, défavorable aux visées commerciales poursuivies ;

2° Dans un avenir plus ou moins rapproché, perte

de la condition privilégiée qui est le but et la justification de nos entreprises coloniales ;

3° Finalement, mise en péril de la patrie française.

De tels résultats doivent faire absolument condamner, non seulement une doctrine encore plus dangereuse que décevante, mais encore toutes mesures propres à en favoriser l'avènement.

Aussi nous rallions-nous résolument à la seconde solution du problème, qui est l'*autonomie* !

IV

Ce qu'il faut entendre ici par ce mot. — Quel est le meilleur des systèmes autonomes. — Protectorat et gouvernement direct.

Par ce mot d'autonomie nous n'entendons nullement désigner ici le degré d'indépendance plus ou moins grande des colonies à l'égard de la métropole : cet autre aspect de la question sera envisagé plus loin dans la quatrième partie. Pour le moment nous affirmons simplement que, le régime politique de la mère patrie étant reconnu inapplicable à nos sujets indigènes, ceux-ci doivent être soumis à un régime radicalement différent et résolument basé *sur d'autres principes*.

La question se pose donc maintenant dans les termes suivants :

De tous les régimes autonomes, quel est le plus propre à assurer dans nos colonies, la pacification la plus prompte et la soumission la plus complète ?... Nous répondrons sans hésiter : celui qui compromettra et effraiera le moins les intérêts, privés ou collectifs, qui tiendra le plus grand compte des croyances, coûtumes et préjugés, en un mot, qui entraînera le moins de changements dans les apparences des choses !

Entre le dominateur européen et l'indigène l'entente est relativement facile ; il n'y a pas, pour les séparer, le fossé du patriotisme. Ce sentiment, si vivace et si actif dans nos races occidentales, n'existe que fort peu chez les primitifs ; la preuve en est dans ce fait que partout, au lendemain de la conquête, les armées européennes ont pu recruter parmi les vaincus autant de soldats volontaires qu'elles en ont désiré. Cette lacune morale est-elle la conséquence du régime despotique ou bien est-elle elle-même la cause qui a permis à ce dernier de s'établir et de s'éterniser ?... Quoi qu'il en soit, il est indiscutable qu'Arabes, Soudaniens ou Indo-Chinois n'ont jamais songé à opposer, dans leur conscience, un pouvoir de droit au pouvoir de fait et que la soumission à ce dernier a toujours été acceptée comme une nécessité aussi inéluctable qu'une loi physique. L'Européen, par suite du prestige attaché à la supériorité de son intelligence et de son activité et à la puissance de ses moyens d'action, est plus que tout autre en situation de faire accepter facilement son hégémonie, mais à une condition : c'est de ne pas heurter maladroitement la force morale la plus irréductible qui soit au monde, la seule qui agisse sur les populations barbares, le sentiment religieux. Or, dans toutes les races primitives, les mœurs et les institutions sociales dérivent directement de la religion et en font, pour ainsi dire, partie intégrante. C'est elle qui leur communique sa force, en leur attribuant un caractère sacré ; qui les impose aux âmes, comme des dogmes ; qui légitime, aux yeux des masses mêmes qui en pâtissent, des hiérarchies et des privilèges en opposition avec notre droit humain. Toute atteinte à une portion quelconque de cet ensemble est un acte sacrilège, qui suscite inévitablement la méfiance, la désaffection et la haine secrète, en attendant que les circonstances permettent à la révolte ouverte d'éclater. Il y a plus : alors que la religion elle-même s'est affaiblie dans les âmes, les institutions et les mœurs inspirées par elles continuent longtemps encore à conserver tout leur empire, par la seule puissance de l'habitude et surtout par des raisons mystérieuses d'ordre sentimental contre lesquelles tous les raisonnements du monde ne sauraient prévaloir.

La politique la plus sûre consistera donc à accepter partout la situation de fait, à ne point soulever de guerres ni de tracasseries religieuses, à maintenir les institutions et les mœurs, à respecter les hiérarchies et les situations acquises, à la seule condition d'une reconnaissance sincère de notre autorité et d'une obéissance rigoureuse à nos ordres. Pour obtenir ce résultat, quelques sévérités seront certainement nécessaires ; il importe qu'elles affectent bien clairement le caractère de mesures purement individuelles, de façon qu'on ne puisse nous soupçonner de viser, à travers les hommes, au renversement des choses. D'autre part, si notre action doit être très énergique, il faut qu'elle ne s'exerce jamais inutilement, mais uniquement dans le sens du but poursuivi, par conséquent en vue de résultats, en fin de compte, purement économiques. Assurance rigoureuse de la sécurité des personnes et des biens, maintien énergique de l'ordre public, exactitude dans la répartition et la perception des impôts, contrôle discret mais attentif des influences indigènes de toutes catégories, direction raisonnée et développement de la production, mise en valeur des richesses naturelles encore inexploitées, création de marchés et de centres commerciaux, ouverture et entretien de voies des communications terrestres, fluviales et maritimes : tel est, dans nos rapports avec les indigènes, le champ dans lequel doit surtout s'exercer notre activité. Gardons-nous soigneusement d'aller plus loin : laissons toute liberté aux manifestations traditionnelles de la vie religieuse ! Laissons le juge indigène trancher, suivant sa loi, les procès *civils* n'intéressant que les indigènes : il a pour lui la science des coûtumes traditionnelles, l'expérience profonde des mœurs et la connaissance individuelle de ses justiciables, choses infiniment plus précieuses pour les intéressés que les diplômes de nos magistrats d'exportation. En un mot, ne perdons jamais de vue un seul instant que ce qu'il nous importe de faire admettre dans nos colonies, ce ne sont ni des théories philosophiques ni des institutions sociales d'une valeur toute contingente, mais tout simplement nos produits manufacturés.

Ainsi seulement nous obtiendrons pacification prompte et définitive ; car, d'une part, nous n'aurons porté atteinte à rien de ce qui tenait au cœur des populations et, d'autre part, grâce aux bienfaits d'une autorité ferme, régulière et éclairée, nous leur aurons assuré un degré de prospérité matérielle qu'elles n'avaient jamais connu. Or, plus les peuples sont près de la nature, plus les besoins physiques tiennent de place dans leurs préoccupations.

De toutes les formes d'autonomie, le protectorat est certainement la plus logique, puisqu'elle est la plus complète. Il consiste à prendre en bloc l'Etat protégé, avec l'intégralité de ses institutions, de sa hiérarchie et de son personnel, y compris son chef suprême, sauf à subordonner le tout aux vues et à la direction de l'Etat protecteur. Cette solution est certainement la plus économique et par conséquent la plus désirable ; mais elle n'est applicable ni partout, ni toujours. Elle suppose réunies les conditions suivantes : existence préalable d'un Etat suffisamment organisé et d'un pouvoir généralement accepté, offrant certaines garanties de sincérité et jouissant personnellement juste du degré de force nécessaire pour que son concours soit utile, sans que jamais sa rebellion puisse devenir un sérieux danger. Ces conditions ne se sont complètement rencontrées qu'en Tunisie. Mais peut-être, avec plus de prudence et de fermeté de vues, eût-on pu les réaliser ailleurs : car partout où existent des familles aristocratiques à influence étendue et héréditaire, il est possible d'en faire le pivot de groupements plus ou moins considérables. C'est ce qui a été tenté en Algérie, vers 1860, par la constitution de grands commandements, et il est probable que la tentative eût réussi, si elle n'eût été abandonnée avant d'avoir eu le temps de porter fruit. Peut-être devra-t-on un jour reprendre, ailleurs cette conception : au Soudan, par exemple, par la réunion sous même une autorité de plusieurs villages, aujourd'hui trop complètement indépendants les uns des autres pour que leur gouvernement n'entraîne pas d'inextricables complications.

Toutefois, à nos yeux, le protectorat n'est pas une solution définitive. Les institutions qu'il maintient, par cela même qu'elles sont strictement adaptées aux mœurs indigènes, ne conviennent qu'aux indigènes. Or, nous verrons plus loin que l'immigration européenne est un facteur nécessaire de toute colonisation fondée en vue d'objectifs économiques. Au fur et à mesure que s'accroîtra l'importance de l'élément immigrateur, s'imposeront dans les lois des juxtapositions et des accomodations de plus en plus nombreuses, que le gouvernement autochthone, quelque docilité qu'on lui suppose, finira par se trouver inapte à réaliser et impuissant à appliquer. La logique, non moins que l'histoire, ne permettent donc de voir dans le protectorat qu'un acheminement, plus ou moins rapide, vers l'annexion absolue.

Quoi qu'il en soit, si au début le protectorat est la forme la plus parfaite du régime autonome, il n'en est pas heureusement la seule. L'administration directe peut aboutir au même résultat, si elle s'inspire strictement du même principe, qui est le respect initial du *statu quo* en matière de mœurs et d'institutions.

V

Restrictions au principe du statu quo *en matière de mœurs et d'institutions. — Moyen le plus propre à réaliser des innovations sans troubler le pays.*

Ce principe toutefois ne saurait être appliqué sans

quelques sages tempéraments Il y a des devoirs d'humanité auxquels aucun peuple civilisé ne saurait se soustraire et qui imposent la suppression de certaines coûtumes particulièrement atroces dans tout pays où flotte son pavillon : tels sont, par exemple, les sacrifices humains, l'anthropophagie, la traite et l'esclavage, que nous devons à tout prix abolir. Toutefois, en ce qui concerne cette dernière institution, nous sommes de ceux qui pensent que sa suppression gagnerait infiniment, dans l'intérêt des bénéficiaires eux-mêmes, à être préparée par des mesures de transition propres à adoucir la dangereuse crise économique et sociale, suite inévitable d'une aussi profonde perturbation.

Quant aux modifications simplement désirables, elles doivent, pour être tentées sans inconvénients, être abordées avec infiniment de prudence, jamais brutalement ni par coups d'autorité. La meilleure méthode, à notre avis, consiste à n'agir que par l'intermédiaire des castes ou classes influentes, qui, par des interprétations de plus en plus larges des lois et des institutions, en arriveront peu à peu, sans changer les noms ni les dehors des choses, à en transformer sensiblement le fond. Ces influences ne nous refuseront certainement pas leur concours, si nous savons nous les attacher tout à la fois par des avantages matériels et par des égards extérieurs. Et ces derniers ne sont pas les moins indispensables, non seulement parce que la vanité humaine est une puissance avec laquelle il faut compter, mais surtout parce que, pour conserver à l'aristocratie indigène le prestige nécessaire au rôle que nous avons intérêt de lui faire jouer, il importe de ne pas trop afficher aux yeux des masses l'état de domesticité où nous l'aurons réduite. Prétendre agir nous-même directement sur les couches profondes du peuple serait, à notre sens, une tentative vaine, car nous nous heurterions tout à la fois, d'abord à la défiance de l'étranger, particulièrement tenace dans les esprits sans culture, ensuite à l'opposition sourde des classes élevées, qui, dans notre parti pris de nous passer d'elles, verraient une menace à l'adresse de leur situation privilégiée.

Cette utilisation des aristocraties indigènes pourra choquer les instincts égalitaires de notre nation démocratique. Nous la croyons cependant trop nécessaire pour nous résigner à la sacrifier à des considérations aussi sentimentales. Les aristocraties constituent à la fois le cerveau et l'ossature des sociétés primitives ; c'est d'elles qu'émane toute pensée, toute cohésion, toute action. Elles seules créent l'opinion publique ou tout au moins l'obscure mais puissante poussée de sentiments rudimentaires qui en tient lieu : la soumission, comme la révolte, sont donc entre leurs mains. La destruction d'une telle puissance n'est pas en notre pouvoir : car l'autorité sur laquelle elle s'appuie est surtout morale, fondée qu'elle est sur la tradition et les mœurs. On ne pourrait en tenter l'attaque que par des moyens moraux, tels que l'inoculation de nos idées occidentales ; mais la réussite est problématique, puisqu'elle suppose chez la masse une certaine docilité à se prêter à l'expérience ; le danger en est certain (celui de nous aliéner irrévocablement les influences attaquées) ; enfin le remède serait en somme pire que le mal, puisqu'il nous mènerait droit aux mortelles conséquences de la théorie assimilatrice. Le plus sage est donc de nous servir de la force que nous ne pouvons supprimer. Par elle, il nous est facile de nous servir des masses indigènes, de les diriger, de faire pénétrer notre action jusqu'au fond de leurs couches les plus profondes ; sans elle, nous n'avons plus entre les mains qu'une poussière humaine rebelle à tout modelage, coulant entre nos doigts et nous échappant par sa fluidité et son inconsistance. Par cela même qu'elles sont une force, les aristocraties indigènes, il est vrai, peuvent aussi présenter un danger : celui d'éclater contre nous. Mais il dépend entièrement de notre prudence de doser, de diviser, de contrebalancer cette force de façon à rendre même ses explosions inoffensives. D'ailleurs les démocraties indigènes ont aussi leurs périls : ce sont leur insaisissabilité et leur impressionnabilité aux influences occultes de tous genres. Ainsi, en Algérie, l'abaissement exagéré des aristocraties militaire et religieuse, motivé par quelques soulèvements partiels, a eu pour résultats, d'une part l'épanouissement d'un brigandage dont la permanence a créé au pays une situation intolérable, et, d'autre part, une énorme extension de la khouannerie panislamiste, qui nous menace, elle aussi, d'une insurrection, non plus partielle mais générale.

VI

Des devoirs que notre propre intérêt nous impose à l'égard des indigènes. — De l'instruction des indigènes.

Nous avons ci-dessus posé en principe que toute notre

politique coloniale devait être dirigée par des vues exclusivement économiques. Mais, dans les problèmes de cet ordre, il est un facteur d'une importance primordiale : c'est l'indigène lui-même. En dernière analyse, en effet, n'est-ce pas lui qui est destiné à absorber la masse de produits dont la métropole est encombrée. Il remplira d'autant mieux ce rôle que son état physique sera meilleur, sa situation matérielle plus prospère et sa puissance productrice plus développée. Il s'ensuit que, abstraction faite de toutes considérations d'ordre sentimental, notre intérêt même nous impose l'obligation de nous préoccuper de la santé physique et morale de nos sujets. C'est donc aller directement à l'encontre du but poursuivi que d'encourager ou d'introduire dans nos colonies des habitudes ne pouvant aboutir qu'à la ruine économique, à l'anéantissement ou à l'abrutissement moral des races. Cependant jusqu'ici nous n'avons guère fait autre chose : L'Algérie, sous prétexte de liberté et de droit commun, a été livrée sans défense aux usuriers et hommes de proie de toutes religions ; en Indo-Chine, l'État lui-même tient boutique du plus terrible des poisons, l'opium ; et, au Soudan, nous laissons à un commerce sans scrupules toute liberté de répandre des alcools mille fois plus meurtriers que les légendaires coutumes du Dahomey. N'est-elle pas singulièrement illogique cette politique prétendue commerciale dont le premier acte tend à l'anéantissement de sa clientèle ?... Sans doute il est des vices invétérés qu'un dominateur étranger ne peut brusquement supprimer ; mais à cette suppression graduelle doit tendre tous ses efforts. En tous cas, il est inexcusable de permettre à des spéculateurs éhontés de compromettre les intérêts vitaux de l'avenir par l'introduction chez des peuples inconscients de fléaux jusqu'alors inconnus. Il ne faudrait pas beaucoup d'actes du même ordre pour accréditer l'opinion que ce que les blancs appellent civilisation n'est qu'une autre forme de barbarie plus traîtresse et supérieurement armée.

Loin de détruire nous-mêmes nos futurs clients, notre propre intérêt nous impose de protéger leur vie par une police énergique, par l'assainissement progressif du milieu, par l'application d'une meilleure hygiène publique et par une large diffusion de l'assistance médicale. Des bienfaits de cette nature, outre leurs résultats matériels, offrent l'avantage d'être vite appréciés des races les plus primitives et de provoquer l'éclosion de sentiments de reconnaissance éminemment favorables à l'influence du peuple dominateur.

Mais convient-il d'aller plus loin dans cette voie philanthropique et notre intérêt supérieur est-il de répandre l'instruction parmi nos sujets?... C'est aborder un point brûlant : car il existe toute une école politique qui voit dans la diffusion des lumières le moyen suprême de gouvernement. Nous aurons le courage d'avouer que cette opinion n'est pas complètement la nôtre : car, à nos yeux, si l'instruction a pour effet certain d'éclairer les intelligences, pour résultat possible d'évoquer les énergies, ce n'est pas elle qui peut discipliner les volontés. Or, pour maintenir sous notre pouvoir, avec des moyens d'action restreints, des masses humaines considérables, disséminées sur tous les points du monde, la discipline des esprits est le premier de nos besoins. Ce n'est pas à dire cependant que l'instruction, à nos yeux, doive être condamnée en bloc : mais nous estimons que son esprit et son intensité doivent être très différents suivant les milieux et surtout suivant les régimes politiques qu'on se propose de fonder : rien n'est plus absurde qu'un gouvernement se faisant le propagateur d'un enseignement devant logiquement aboutir à la condamnation des principes mêmes qu'il juge nécessaire d'appliquer. Si donc, dans un Etat républicain ou simplement libéral, il est naturel qu'on habitue les esprits à l'examen et à l'analyse de toutes choses et, par conséquent, que l'instruction soit fortement imprégnée de littérature, d'histoire et de philosophie ; en revanche, sous un régime autoritaire, il importe d'éviter tout ce qui peut faire naître ou développer l'esprit de discussion, et l'enseignement ne peut offrir qu'un caractère purement pratique et professionnel. Nous avons, au commencement de ce chapitre, démontré les conséquences déplorables pour la patrie française de la théorie assimilatrice, c'est-à-dire de l'application de nos principes libéraux aux indigènes de nos colonies : nous en avons déduit la nécessité de régimes autonomes, inspirés d'un grand esprit de bienveillance pour les populations sujettes, mais nécessairement fondées sur un principe autoritaire et visant un objectif surtout économique. Il en résulte que l'instruction, qui, aux yeux du politique, n'est qu'un moyen, ne doit pas, dans les colonies, dépasser la portée du but. Qu'elle propage l'usage de la langue française, pour favoriser les relations commerciales ; qu'elle vulgarise les éléments des sciences exactes, pour fournir à nos industriels et à nos commerçants des auxiliaires de valeur plus grande ; qu'elle développe et perfectionne les connaissances techniques, de façon à accroître la puissance productrice de nos sujets. Voilà les limites de son rôle, et nous croyons fermement qu'il serait imprudent de les étendre davantage.

VII

Politique religieuse. — Quelle doit être l'attitude gouvernementale par rapport à la propagande des églises chrétiennes.

Si l'instruction est la reine des intelligences, c'est la religion, surtout dans les pays barbares, qui est la reine des volontés. Vis-à-vis d'une puissance de cette importance, il importe de définir nettement qu'elle doit être notre attitude. En ce qui concerne l'Etat, nous l'avons déjà déclaré sans ambages : reconnaissance sincère, absolue et respectueuse des cultes traditionnels. Toute autre prétention serait aussi dangereuse que vaine, la force séculière expirant inévitablement au seuil même du domaine des consciences. Mais comme le diamant s'use par le diamant, les religions sont destructibles par des religions rivales, s'insinuant dans les âmes par voie de persuasion et se substituant à leurs devancières. Cette action, étant donnés les principes ci-dessus développés, ne peut évidemment être admissible que par voie d'initiatives dénuées de tout caractère officiel. Mais la question se pose de savoir de quel œil, favorable ou hostile, elle doit être considérée par l'autorité gouvernementale.

D'abord, pour éviter tout malentendu, il convient de rappeler, en les complétant, un aphorisme bien connu : *le cléricalisme et l'anticléricalisme ne sont, pas plus l'un que l'autre, matières d'exportations!* c'est-à-dire que l'Etat n'a pas à préconiser, *en tant que dogme*, aucune doctrine, religieuse ou antireligieuse. Mais il rentre dans son rôle d'examiner si, parmi les croyances qui régissent les âmes, il en est qui soient plus que d'autres propices à ses intérêts.

La religion de la libre pensée (car pour certains de ses adeptes elle revêt les caractères d'un véritable dogme) en supposant qu'elle trouve des missionnaires bénévoles pour aller la répandre, semble avoir peu de chances de succès près de populations primitives à l'imagination juvénile plus avide de surnaturel que de rationnel. En admettant la possibilité de son triomphe, peut-être serait-il encore prudent de se demander si des races encore plus ou moins plongées dans la barbarie trouveraient en elles les freins moraux indispensables au maintien de tout état social. Enfin, toute autre objection étant négligée, il en reste une des plus graves : l'avènement de la libre pensée ne peut dériver que de l'application la plus large du principe de libre examen ; or ce principe une fois introduit dans les esprits emporterait inévitablement, avec les religions locales et probablement même bien avant elles, le régime *spécial* de subordination qu'à tout prix il nous faut fonder et perpétuer.

La question en réalité ne se pose donc — sérieusement — qu'entre les religions autochthones et les diverses sectes chrétiennes.

Ce serait une exagération manifeste que de prétendre les premières radicalement incompatibles avec l'établissement définitif de la domination des puissances civilisées. L'Angleterre, dans l'Inde, la Russie, au Caucase et dans le Turkestan, fournissent une preuve convainquante du contraire. En Algérie même, malgré les incohérences d'une politique inconstante, il faudrait de graves complications européennes pour que notre prépondérance fût remise en question. Il n'en est pas moins vrai que ces religions contiennent un grave principe de danger latent, quand elles s'étendent largement au delà des limites de nos propres frontières : elles établissent un lien permanent et indestructible entre nos sujets et d'autres masses, soit indépendantes, soit soumises à d'autres pouvoirs, et fondent, aux lieu et place du patriotisme national inexistant, une sorte de vaste patriotisme religieux. Des influences s'élèvent, des organismes fonctionnent hors de notre champ d'action qui continuellement exercent chez nous-mêmes une action profonde, occulte et insaisissable. C'est ainsi notamment que du Bosphore à l'Inde, des bords du Nil à Gibraltar et à Tombouctou, l'Islam forme un seul corps compact, dans lequel se communiquent, comme à travers un réseau nerveux, d'incessantes répercussions. De même, dans nos possessions de l'Extrême-Orient, la communauté religieuse fait de l'immense empire Chinois un centre puissant d'attraction, source de perturbations et d'orages. La substitution lente des croyances chrétiennes aux religions actuelles aurait l'heureuse conséquence, en isolant davantage nos sujets, de nous les soumettre plus complètement : elle serait donc désirable, si elle pouvait s'opérer sans secousses et sans perturbations.

En Indo-Chine, l'expérience permet d'augurer une solution favorable ; au contraire, les pays musulmans ont jusqu'ici paru réfractaires à toute propagande. Notre conclusion, c'est que là il y a lieu de laisser se poursuivre prudemment l'entreprise commencée, tandis qu'ici mieux vaut attendre l'éclosion de circonstances plus favorables.

A Madagascar, la transformation est déjà trop avancée pour qu'il soit possible de revenir en arrière. Nous estimons donc qu'il faut la continuer et l'achever, afin surtout d'empêcher le vieux parti religieux de devenir un foyer d'opposition nationale.

Au Soudan, la situation se présente sous un aspect spécial. Certainement le fétichisme, avec ses fantaisies grossières et innombrables, ne pouvait jamais constituer entre les peuplades nègres un lien bien sérieux. Mais un fait nouveau se révèle : c'est que cette conception primitive semble ne déjà plus répondre aux aspirations des âmes ; car, chaque jour, elle recule devant l'active propagande du Snoussisme, qui est la forme la plus irréconciliable du fanatisme islamique. Il y a un intérêt de premier ordre à arrêter une évolution dont la conséquence serait la soumission de la moitié de l'Afrique à une puissance morale qui se proclame notre mortelle ennemie. Or, nous ne pouvons y réussir qu'en opposant religion à religion, prosélytisme chrétien à prosélytisme musulman. Là il y a urgence à ne pas nous laisser devancer. Aussi estimons-nous que, de ce côté, la propagande des missionnaires chrétiens doit être, non seulement tolérée, mais encouragée et même secondée dans une certaine mesure.

Il est bien entendu qu'un gouvernement fondé sur la laïcité ne saurait favoriser exclusivement une secte chrétienne au détriment des autres. Il peut et doit les considérer d'un œil également favorable, tout en réfrénant chez toutes les accès de zèle intempestif, s'il venait à s'en produire. Mais, tout en admettant que chez des missionnaires la préoccupation religieuse domine toutes les autres, il peut exiger que la préoccupation patriotique vienne immédiatement en seconde ligne. Or ce résultat ne sera sûrement atteint que si l'on ne tolère dans nos possessions coloniales que des prêtres catholiques *français* ou des pasteurs protestants de *même nationalité* sans *attaches quelconques avec les missions anglaises*. Cette précaution est nécessaire pour prévenir de dangereuses menées politiques qui parfois se dissimulent sous des prétextes religieux.

VIII

Résumé.

En résumé, nous avons jusqu'ici :

1° Proclamé la nécessité d'une politique coloniale à

principes fixes, consciente de son but final et sans hésitation sur le choix de la ligne de conduite générale propre à y conduire ;

2° Fait ressortir les points communs entre nos diverses colonies et conclu à la possibilité d'appliquer à toutes certains grands principes ;

3° Posé en critérium absolu auquel tout doit être ramené et éprouvé l'intérêt supérieur de la mère patrie et défini la nature de cet intérêt ;

4° Établi que la théorie assimilatrice, quelques tempéraments qu'on apporte dans l'application, ne peut aboutir d'abord qu'à une duperie et ensuite à la mise en péril de la patrie française ;

5° Conclu à la nécessité de régimes franchement et résolument autonomes et, parmi ceux-ci, préconisé ceux qui apporteront le moins de perturbations possibles dans les mœurs, institutions et intérêts des indigènes ;

6° Formulé relativement à l'application de cette règle quelques restrictions indispensables et indiqué les moyens les plus propres à produire, sans secousses, les innovations sérieusement désirables ;

7° Démontré que l'intérêt même du peuple dominateur lui crée à l'égard du peuple assujetti de sérieux devoirs, et déterminé d'une façon générale leur étendue ainsi que leurs limites ;

8° Enfin signalé les inconvénients et les dangers des diverses religions autochthones, au point de vue de notre influence, et déduit de là l'attitude que doit garder, suivant les circonstances, la puissance gouvernementale à l'égard de la propagande des Églises chrétiennes.

Cet exposé renferme les grands traits de la politique à suivre, selon nous, à l'égard des indigènes *exclusivement*. Mais ceux-ci ne constituent qu'un des éléments de nos colonies : au milieu d'eux doit s'infiltrer et agir l'élément européen immigrateur. Il s'agit donc d'arrêter également à l'égard de ce dernier la meilleure conduite à tenir. C'est ce que nous allons tenter dans la prochaine partie.

DEUXIÈME PARTIE

Colonisation. — Moyens propres à l'implanter. — Condition civile et politique des Européens et des métis.

I

Nécessité d'une immigration française. — Son rôle économique. — Eléments aptes à le remplir.

Nous avons vu plus haut que la raison d'être de notre expansion coloniale était l'extension de notre clientèle commerciale. Le but de toute vente étant l'encaissement du prix, la solvabilité de l'acquéreur, qui dépend elle-même de la masse des valeurs d'échange possédées par lui, est donc la condition essentielle de la réussite. Cela revient à dire que la puissance consommatrice d'une colonie est toujours en raison de sa puissance productrice.

La puissance productrice des pays barbares abandonnés à eux-mêmes est assez médiocre. Elle se limite aux produits spontanés du sol, à ceux de la chasse, d'un élevage et d'une agriculture rudimentaires. Tout cela constitue déjà néanmoins matières à trafic, mais à une condition, c'est que le négociant européen traverse les mers pour s'aboucher avec le vendeur. Les premières opérations réalisables aux colonies seront donc des opérations commerciales et elles ne peuvent s'accomplir que par l'intervention *d'hommes de races civilisées*.

En outre des valeurs immédiatement négociables, les colonies en contiennent d'énormes quantités d'autres apparentes, latentes ou simplement virtuelles : ce sont les forêts, les mines et carrières, les terres arables non encore vivifiées par la culture. La réalisation de toutes ces richesses peut seule multiplier suffisamment les facultés consommatrices du pays pour que les vues de la métropole se trouvent pleinement remplies. Or elle ne peut être attendue de la population indigène réduite à ses seules forces : son ignorance, son indolence, les défectuosités de son outillage la frappent d'impuissance. Il faut, pour une telle œuvre, le coup de baguette féerique du génie européen.

De plus, la production n'est féconde qu'à la condition d'être mise en contact avec la consommation. Il est donc de toute nécessité que les richesses créées ou à créer par l'activité coloniale soient transportées, du point d'origine aux lieux d'embarquement, dans des conditions assez économiques pour rester aptes à soutenir la concurrence des produits similaires : il va donc falloir assurer la navigabilité des cours d'eau, améliorer ou créer des ports fluviaux et maritimes, ouvrir partout des routes et voies ferrées. Cet immense travail exige, lui aussi, et tout particulièrement l'intervention européenne.

L'œuvre d'exploitation et de transformation à accomplir est donc considérable et elle a besoin, pour se réaliser, du concours d'une immense somme d'intelligence et de travail matériel. La *direction intelligente* ne peut être demandée qu'à l'*Europe* ; mais la *force brute* ne peut être empruntée qu'à *la population indigène* : car les besoins de l'existence, chez les barbares, se trouvent réduits à un tel minimum *qu'aucune main-d'œuvre civilisée ne peut soutenir leur concurrence*.

Dans l'armée du travail dont la constitution s'impose, le rôle des races, autochtone et étrangère, se trouve donc parfaitement défini : les indigènes représenteront *la masse* à laquelle on ne demande que des *efforts physiques* et les Européens les *cadres* chargés de lui *donner* et de lui *transmettre* l'impulsion et la direction indispensables. Des commerçants, des ingénieurs, des agronomes, des entrepreneurs, des tâcherons, des contremaîtres, des surveillants, des vignerons, des chefs de culture, des mécaniciens, des ouvriers d'art, en un mot toutes les spécialités professionnelles, voilà à peu près exclusivement les catégories d'activités utiles que les colonies doivent tirer des pays civilisés.

On voit que l'immigration européenne a des limites fatales, qu'il serait dangereux de méconnaître. Leur oubli aurait pour conséquence l'afflux d'énergies sans emploi bientôt vouées à la misère, qu'il faudrait rapatrier à grand frais ou entretenir artificiellement au prix de sacrifices incessants beaucoup plus coûteux encore. Ce serait introduire des essaims de frelons dans des ruches qui n'auront pas trop de toutes leurs ressources pour prospérer.

Au point de vue purement économique, tous les pays civilisés sont également aptes à fournir à nos colonies les éléments directeurs de leurs armées de travail ; mais, au point de vue politique, rien ne serait plus dangereux que de laisser prendre une importance trop considérable aux étrangers. Le moindre mal qu'ils puissent nous faire serait de remporter dans leur pays d'origine les économies réalisées chez nous et, par conséquent, d'enrichir nos rivaux à nos dépens. Mais il y a de ce côté bien d'autres appréhensions à concevoir : en temps de paix, la diffusion sourde parmi nos sujets indigènes de semences de désaffection et de révoltes, et, en temps de guerre, la trahison et la connivence avec l'ennemi. Pour asseoir notre domination sur une base solide, il faut que l'élément directeur appelé à encadrer la population autoctone soit, dans une très forte proportion, tiré *de la France même*.

II

Considérations sur l'exercice du commerce dans les colonies.

Si un champ d'action relativement vaste se trouve immédiatement ouvert au commerce national, la sagesse lui fait une loi de ne pas s'y lancer à l'aventure. Pour discerner la nature, la quantié des marchandises à importer, les points sur lesquels elles doivent être dirigées, il faut préalablement étudier les goûts, les besoins et la richesse relative de la clientèle à conquérir ; il faut de plus se rendre compte des ressources naturelles du pays en marchandises propres à être exportées, de leur cours moyen, du prix des transports.

Cette étude, dans des pays comme l'Algérie et la Tunisie, peut être faite, sans grands frais et sans aucuns risques, par tout homme compétent ; mais, dans des colonies lointaines, encore mal connues et insuffisamment pacifiées, telles que le Soudan, l'Indo-Chine et Madagascar, elle devient trop coûteuse et trop ardue pour ne pas excéder les forces des initiatives isolées. D'autre part, on ne saurait sérieusement songer à en confier le soin à une administation coloniale jusqu'ici recrutée un peu au hasard et nullement préparée à une telle tâche. L'avant-garde logiquement indiquée pour éclairer la marche de la grande armée commerciale, c'est donc la *mission d'exploration*, organisée et subventionnée par les Chambres de commerce ou de grands syndicats commerciaux, recrutée soigneusement (non parmi des amateurs quelconques poussés par l'énergie de leur tempérament dans les aventures), mais exclusivement parmi des individualités choisies, aux connaissances *techniques approfondies*, capables de discerner clairement et sûrement les éléments d'une affaire de négoce et d'apprécier exactement les profits qu'elle est susceptible de produire. Leurs rapports devant être la base des entreprises futures, la compétence et la moralité de leurs auteurs offrent une énorme importance. Aussi le commerce ne se montrera-t-il jamais trop sévère dans le choix de ces initiateurs, ni, par contre, trop large dans leur rémunération : on ne lésine pas sur les fondations d'un palais !

Si l'explorateur est le pionnier de la colonisation, le commerçant peut le suivre immédiatement sur la voie ainsi reconnue et jalonnée, car déjà il est fixé par son devancier sur l'existence, l'importance et la nature des matières traficables, ainsi que sur les conditions générales de leur négoce. Néanmoins la tâche reste hérissée de difficultés beaucoup plus grandes qu'en Europe. Il s'agit, en effet, de s'initier aux mœurs et habitudes commerciales d'un milieu tout nouveau, d'évaluer le degré de garanties relatives offertes par des correspondants sans références et, par conséquent, d'apprécier la somme de crédit qui peut être nécessaire à l'extension des affaires, sans compromettre la sûreté des recouvrements. Enfin, il est surtout de la plus haute importance de pouvoir se passer du concours, souvent louche, toujours onéreux, des interprètes, ce qui implique l'usage courant des idiomes indigènes. Dans de telles conditions, les qualités moyennes d'ordre, d'activité et d'économie qui peuvent suffire au trafiquant en pays civilisé ne constituent plus qu'une partie des aptitudes indispensables au commerçant colonial ; à ce dernier il faut de plus une grande souplesse d'esprit, de rares facultés d'assimilation, une complète sûreté de jugement, enfin une audace de conception tempérée, dans l'exécution, par une juste mesure de prudence. Un tel ensemble de dons n'est l'apanage que d'une élite naturellement bien douée et dont les aptitudes natives ont été développées par une éducation professionnelle intelligemment appropriée. C'est à nos *écoles supérieures de commerce* à inaugurer et propager cette éducation spéciale, qui fera d'elles, si on le veut, les pépinières fécondes où le grand commerce national recrutera les directeurs et les principaux agents de ses factoreries, c'est-à-dire les collaborateurs indispensables de tout puissant effort d'ensemble tenté dans les régions d'outre-mer.

III

Importance du rôle du capital en matière colonisatrice. — Chimère de la colonisation par le prolétariat. — Démonstration de cette vérité par l'exemple de l'Algérie. — Utopie de la conception du crédit à bon marché au profit du colon prolétaire. — Conclusion.

La colonisation, étant une entreprise économique, ne saurait échapper à la loi générale qui les domine toutes : c'est-à-dire la nécessité de la collaboration du capital. Autant et plus que d'hommes, la colonisation a besoin d'argent.

En ce qui concerne l'exploitation des forêts et des mines ou l'exécution des grands travaux publics, cette vérité n'a pas besoin de démonstration, puisque, même dans les pays civilisés, où les difficultés à surmonter sont sensiblement moindres, le même objectif n'est généralement poursuivi que par de puissantes associations financières. Mais il importe de se bien pénétrer de ce fait que le rôle du capital est également d'une importance énorme, plus considérable même qu'en Europe, pour l'exercice du commerce et de l'agriculture.

Le commerce, qui doit acheter avant de revendre, a nécessairement besoin d'un capital pour faire face à ses premiers achats ; et ce serait s'illusionner que de croire possible d'y suppléer par du crédit. Quelques qualités personnelles qu'un banquier reconnaisse à un commerçant, il est peu probable qu'il se hasarde à lui prêter une somme importante en vue d'affaires devant avoir pour théâtre une colonie lointaine : l'entreprise comporte trop d'imprévu. Sans parler des avaries de routes, des risques de vol et des aléas de toutes sortes, un accès de fièvre pernicieux peut d'un seul coup et à chaque instant faire disparaître, avec la vie du débiteur, la garantie à peu près unique du créancier. Si par extraordinaire il se trouvait des financiers assez audacieux pour commanditer de telles aventures, on peut être sûr que le taux de l'intérêt serait calculé de façon à contrebalancer fortement toutes les chances contraires et, par conséquent, ruineux pour l'emprunteur. Il faut donc au négociant colonial un capital lui appartenant en propre. Nous ajouterons que ce capital doit être assez important pour résister à plusieurs échecs successifs ; car, dans un milieu nouveau, il est prudent de compter avec les tâtonnements des débuts et les écueils inévitables, sous peine d'échouer par épuisement de moyens financiers, juste au moment où l'expérience acquise allait donner des fruits rémunérateurs. Les chances de succès du commerçant, toutes choses égales d'ailleurs, sont donc, plus encore aux colonies qu'en Europe, en raison directe du capital dont il dispose. Aussi, à notre avis, le négociant colonial par excellence, c'est le *syndicat de producteurs métropolitains*, opérant, dans des factoreries, par l'intermédiaire d'agents de choix, rémunérés à la fois au moyen d'appointements fixes, pour les garantir de tous risques, et de primes proportionnelles aux bénéfices, pour stimuler leur zèle et leur activité. Plus que tous autres commerçants ces syndicats réunissent un heureux ensemble de conditions favorables : puissance financière, qui permet de supporter les frais considérables d'installation et de parer aux premiers échecs ; abaissement au minimum du prix de revient des marchandises, par la suppression de tous intermédiaires ; réduction des prix de transport, par suite de l'importance des affrètements ; enfin domination des cours et du marché, grâce aux conditions d'infériorité où devrait se présenter toute concurrence. Est-ce à dire que nous entendions conférer définitivement dans nos colonies un monopole commercial à une féodalité financière ? Nullement ! Nous affirmons simplement, comme un fait, qu'une puissance capitaliste est, au *début*, plus capable que tout autre initiative de surmonter les difficultés de l'entreprise. Mais, avec le temps et l'expérience acquise, à la suite des progrès de la pacification, de l'affermissement de la sécurité et du développement des voies de communication, on peut prévoir la disparition progressive des difficultés exceptionnelles, une atténuation considérable des risques, en un mot l'avènement d'une situation normale et régulière. C'est alors, mais alors seulement que le *petit* commerce peut espérer s'implanter avec succès ; encore est-ce à la condition de mettre une sérieuse expérience *locale* au service d'un capital personnel. Cette expérience, il ne pourra nulle part l'acquérir avec moins de risques et dans des conditions plus favorables que dans les emplois des grandes factoreries ci-dessus préconisées. Même au point de vue de la démocratisation du commerce, ces institutions initiatrices doivent donc être considérées favorablement par les défenseurs des intérêts populaires.

Plus encore que le commerce, l'agriculture coloniale a besoin de capitaux. La valeur intrinsèque de la terre en friches est, par elle-même, fort peu de chose. On ne se rend généralement pas assez compte que le prix actuel du sol européen est dans une énorme proportion la résultante du travail et des épargnes que les générations y ont enfouis. Pour la mise en valeur d'un sol vierge, il faut d'abord défricher et défoncer ; construire des abris pour les hommes, les animaux, l'outillage, les récoltes futures ; importer un matériel agricole et un cheptel ; se procurer des graines et des plants de toute nature ; les semailles ou plantations faites, il faut de plus pendant au moins une année, souvent pendant plusieurs (suivant la nature des emblaves), supporter les frais d'entretien du matériel agricole et les façons culturales ; puis surviennent les dépenses imposées par la récolte ; enfin surgit la difficulté de vendre les produits ! Que de fois la question se trouve encore compliquée par les expérimentations et les échecs que comporte l'importation de cultures nouvelles ! Tout cela constitue une entreprise d'autant plus coûteuse qu'elle est forcément à longue échéance et que la valeur créée risque de rester longtemps irréalisable. En Algérie et en Tunisie, c'est-à-dire dans nos colonies les plus proches et les plus favorables, on n'évalue pas (et avec raison) à moins de 500 fr. par hectare le capital nécessaire pour la création d'un domaine. Il est évident que la proportion sera d'autant plus forte que l'éloignement considérable entraînera, pour le matériel indispensable, des frais de transport plus onéreux. Il s'ensuit que la colonisation agricole, si modeste qu'on le suppose, ne peut être l'œuvre de prolétaires ni même de paysans besogneux ; car il est un minimum de surface au-dessous duquel la ferme ne peut plus nourrir le colon, comme il est un minimum d'outillage nécessaire, sans lequel la moindre étendue ne peut devenir économiquement productive, comme enfin il est un minimum d'avances pécuniaires, sans lesquelles la récolte attendue est d'avance mangée par l'inévitable usurier. Si en France le petit propriétaire peut vivre c'est d'abord à cause de la multiplicité et du rapprochement des centres de consommation, qui lui fournissent à la fois, avec des engrais abondants et peu coûteux, la possibilité d'une culture très intensive et des débouchés pour des produits de luxe qui lui sont chèrement payés ; c'est ensuite en raison de ce fait qu'en outre du fruit de sa terre, il trouve chez des voisins plus fortunés, dans un travail salarié, l'appoint nécessaire à son existence. Dans les colonies, ces conditions favorables n'existent que très exceptionnellement : les centres de consommation sont rares et éloignés, d'où nécessité de cultiver, avec les seuls fumiers produits sur la ferme des denrées rustiques, susceptibles de supporter sans détérioration de longs transports, mais par cela même soumises à une zone de concurrence beaucoup plus étendue et, par conséquent, moins rémunératrices. D'autre part, les exploitations sont trop distantes pour que, le rabais de la main-d'œuvre indigène le permit-elle, les colons puissent trouver les uns chez les autres des ressources supplémentaires. La conclusion, c'est que la colonisation agricole ne comporte que de *grandes* et de *moyennes* exploitations : le petit colon (et par ce mot nous entendons colon sans capital proportionné à l'entreprise), en tant que propriétaire, ne peut pas plus, quant à présent, trouver place dans nos colonies que le simple manouvrier français.

Les exemples fournis par l'Algérie nous donnent lieu de craindre que cette vérité fondamentale n'ait pas toujours été suffisamment comprise. Des économistes, peut-être plus subtils que pratiques, se sont complus à diviser les possessions européennes d'outre-mer en colonies de peuplement, colonies d'exploitation et colonies mixtes, sans d'ailleurs fixer même approximativement la limite où finit la seconde catégorie et commence la troisième. Il se pourrait que ce système théorique de division ait engendré de fallacieuses conséquences. En réalité, si l'on se place au point de vue du *but*, toutes les colonies sans exception sont d'*exploitation*, puisque, dans toutes, l'objectif est la mise en valeur des richesses existantes ou virtuelles en vue de profits à en retirer par la nation colonisatrice. Si, au contraire, on envisage uniquement l'*origine ethnique* des agents exploiteurs, nous ne trouvons plus trois, mais seulement *deux* espèces de colonies ; 1° Colonies de *peuplement*, où l'élément européen, unique occupant d'un territoire primitivement désert ou préalablement dépeuplé, accomplit seul l'œuvre poursuivie ; 2° Colonies *mixtes*, où *Européens et Autochtones*, mélangés dans des proportions variables, concourent au même but par un effort convergent. De ce que des circonstances locales plus favorables amènent dans certaines de nos possessions une proportion plus ou moins forte d'Européens immigrateurs, il ne s'ensuit nullement que ces possessions soient d'essence différente des autres, ni surtout qu'elles puissent être régies par d'autres principes généraux que ceux ci-dessus posés. Telle est cependant l'erreur dans laquelle, sous l'influence probable du système de classification que nous venons de combattre, est tombé le Gouvernement à l'égard de notre grande possession du Nord de l'Afrique.

De ce que l'Algérie avait été baptisée « colonie mixte », on a conclu que l'intérêt primordial n'était plus d'en exploiter les richesses, mais simplement de la peupler du plus grand nombre possible d'Européens, pour faire contre-poids à l'élément indigène. C'était un objectif politico-militaire obscurcissant l'objectif véritablement rationnel de toute sérieuse colonisation. En effet, pour remplir un rôle quelconque, il faut d'abord que la colonisation puisse trouver son existence et sa prospérité dans la terre concédée ; autrement ce n'est pour la métropole qu'une seconde armée à entretenir à côté de la première, guère moins coûteuse et d'une valeur militaire infiniment moindre. Or justement ce dont on ne s'est qu'insuffisamment préoccupé, c'est de savoir si les éléments immigrateurs introduits apportaient avec eux les instruments indispensables de réussite, c'est-à-dire des capitaux suffisants. En fait, cette condition *sine quâ non* de succès fut très exceptionnellement remplie : ce que jusqu'à une époque encore peu éloignée l'on appela du nom pompeux de colonisation officielle ne fut guère que le défilé théâtral d'une foule besogneuse, dont les trois quarts, désillusionnés, ne tardaient guère à repasser la mer et dont le surplus vécut surtout du maigre fermage de sa terre louée aux indigènes. La part étant faite d'un certain nombre d'honorables exceptions, dues à des activités ou des intelligences exceptionnelles ou encore à des circonstances particulièrement favorables, on peut dire qu'en général la colonisation *officielle* vécut beaucoup plus de richesse *déplacée* que de richesse créée par elle-même. Et cette constatation n'implique, dans notre esprit, aucun blâme injurieux à l'égard d'une population à qui nous reconnaissons de très sérieuses qualités de différents genres : son impuissance était le résultat fatal de l'insuffisance de ses moyens.

Si contre cette accusation de stérilité on allègue les progrès économiques indéniables réalisés en Algérie, nous répondrons d'abord que, dans les différences constatées, tout ne doit pas être porté à l'actif de la colonisation : la pacification du pays et l'ouverture de débouchés antérieurement inconnus a, sans contredit, favorisé aussi l'extension de la production indigène. Nous ajouterons ensuite que, dans la part revenant incontestablement à la population européenne (telle que notamment le produit du vignoble), la colonisation *officielle* n'a concouru que pour une assez *faible part.* A côté d'elle, en effet, dès que la sécurité a été à peu près assurée, un nouvel élément, grâce à la proximité de la métropole, était venu s'installer, qui n'a pas tardé à prendre, au point de vue économique, une place de beaucoup prépondérante : c'est la *colonisation libre et capitaliste.* C'est celle-là *surtout* qui a réalisé les progrès constatés.

Il est juste de reconnaître que les meilleurs éléments compris dans sa devancière se sont efforcés, eux aussi, de suivre le grand mouvement viticole inauguré vers 1880, et, par un coup de fortune, il se trouva que juste à ce moment la propagation du phylloxéra dans tout le vignoble métropolitain, en ouvrant à la spéculation de nouvelles perspectives, donna à ces audacieux un crédit encore coûteux mais inespéré. La colonisation officielle, jusqu'alors languissante, eut son heure d'activité et sa lueur d'espoir ; et elle montra par de louables créations que son inertie antérieure ne lui était pas intrinsèquement imputable. Malheureusement cette aurore s'éteignit avec la restauration du vignoble métropolitain, qui, en avilissant les prix des vins, rendit impossible le remboursement d'emprunts trop chèrement contractés et réduisit les propriétaires apparents à la condition de gérants mal rémunérés des sociétés créancières. Pour ces malheureux l'ancienne misère n'avait fait que changer de forme : les soucis seuls avaient augmenté. Le propriétaire réel, celui qui le deviendra nominalement, comme il l'est déjà de fait, le jour où il lui plaira de remplir les formalités d'expropriation, c'est le prêteur capitaliste. Voilà donc, prouvé par l'exemple de l'Algérie, le dilemme dans lequel se trouve enfermée la colonisation dite démocratique, c'est-à-dire dénuée d'un capital personnel suffisant : *impuissance absolue*, si elle *est réduite à ses propres forces*, et *dépossession inévitable*, si *elle a recours au crédit*.

La situation qui vient d'être esquissée est trop généralement connue pour pouvoir être sérieusement contestée. Mais les apôtres du peuplement par le prolétariat persistent dans la défense de leur thèse en proposant l'argumentation suivante : « sans doute le colon ne « peut rien sans capital et, aux taux actuels, l'emprunt « entraîne fatalement la ruine, mais il est un remède à « cette situation : c'est l'établissement du *crédit à bon* « *marché !* ». Par le mot bon marché, les promoteurs de cette idée entendent généralement un taux maximum de trois pour cent. Peut-être, en effet, dans ces conditions, la réussite pourrait-elle être espérée. Mais, au point de vue pratique, la seule question qui se pose est celle de savoir s'il y a chance de trouver prêteur à ce taux réduit. La finance est rebelle aux arguments de sentiment. Ce qu'elle cherche avant tout, par un instinct de conservation en somme parfaitement légitime, c'est la sûreté de ses capitaux. Le souci des bénéfices ne vient qu'ensuite. Or il est de principe que l'insuffisance des garanties ne peut être compensée que par l'élévation du taux des intérêts, qui constitue, sur un ensemble d'opérations analogues, une véritable assurance contre les probabilités de perte. Donc, plus l'insuffisance des garanties sera accentuée, plus les probabilités de perte seront grandes, et plus le taux de l'intérêt devra s'élever : c'est une loi fatale pour tout financier soucieux d'éviter la ruine. Pour apprécier la valeur de l'idée du crédit à bon marché, il suffit donc de comparer la valeur du gage que le colon peut offrir à l'importance de l'emprunt qui lui est strictement indispensable. La seule garantie dont puisse disposer le colon *prolétaire*, c'est la terre qui vient de lui être concédée ; encore cette concession est-elle généralement grevée de certaines conditions suspensives ou résolutoires. Mais, pour simplifier, supposons ces conditions remplies et le colon nanti d'un droit définitif de propriété. Sa terre *en friche* vaut au maximum *cent francs* l'hectare : or, en Algérie et en Tunisie (les plus rapprochées de nos colonies et celles offrant les conditions les plus favorables), la mise en valeur de cet hectare, ainsi que nous l'avons vu plus haut, exige une dépense de *cinq cents francs*. C'est là le strict nécessaire : vouloir opérer avec moins serait une conception aussi vaine que d'espérer tirer des revenus d'une maison ébauchée, manquant de fenêtre et de toiture. En réalité le colon offre donc un gage représentant actuellement le *cinquième seulement de la valeur de son emprunt*. Nos chiffres fussent-ils contestés, comme exagérant l'importance du capital d'exploitation nécessaire, force sera bien de reconnaître qu'en tout cas ce capital doit être plusieurs fois supérieur à la valeur de la terre en friche. Dès lors, notre raisonnement subsiste en entier. Sans doute l'emprunteur invoque la plus-value qui, par l'emploi même du capital emprunté, ne va pas manquer de se produire ; il affirme que cet hectare, défriché, planté, mis en valeur, va immanquablement, en quelques années, atteindre un prix de 500, 1.000, 2.000 francs. Mais qui répond au créancier de la justesse de ces prévisions ? Quelle sûreté a-t-il et peut-il avoir que son débiteur, une fois en possession des fonds, ne les gaspillera pas en dépenses frivoles ou même ne les compromettra pas en pure perte dans des combinaisons fausses, mal conçues ou mal exécutées ? Admettra-t-on que les versements n'auront lieu que par fractions successives, au fur et à mesure que le créancier aura reconnu le bon emploi des acomptes antérieurement versés? Ce serait restreindre les risques. Mais songe-t-on aux difficultés pratiques d'une telle combinaison qui soumettrait chaque acte du colon à la surveillance tracassière du banquier, contrecarrant ses vues, paralysant son activité, assumant ainsi une partie de la responsabilité des échecs possibles et ouvrant la porte à tous les procès ? D'ailleurs l'exercice d'une telle surveillance imposerait aux compagnies financières le recrutement et l'entretien de tout un personnel spécial, dont les frais devraient retomber naturellement sur le débiteur, *sous forme de majoration d'intérêts.* Nous nous demandons, dans ces conditions, quels financiers voudront jamais tenter de réaliser la conception du « crédit à bon marché » au profit des colons *prolétaires* !... Mais, dira-t-on, ce que les particuliers n'oseront tenter, l'Etat peut le faire. Sans doute. Mais a-t-il intérêt à se lancer dans une telle aventure ? Au point de vue intrinsèque, l'affaire ne se présente pas pour lui dans des conditions autres que celles ci-dessus indiquées : les risques et les abus, en un mot les chances de pertes, seront exactement les mêmes. La seule différence, c'est que, derrière le gouvernement, il y aurait pour les supporter la masse des contribuables métropolitains. Mais il est plus que douteux que celle-ci consente jamais à jouer ce rôle de caution. Elle craindrait avec raison qu'en vertu du même principe politico-humanitaire, on ne lui demande demain de commanditer la mine aux mineurs, la verrerie aux verriers, l'usine à l'ouvrier, comme aujourd'hui la terre aux colons.

Le colon prolétaire ne peut donc espérer suppléer au capital qui lui manque par un crédit pratiquement utilisable. Une seule chance de salut lui reste, dont nous ne nous exagérons pas la valeur : encore exige-t-elle certaines conditions spéciales. Nous ne croyons pas cependant devoir omettre de la signaler. Dans certaines de nos colonies, la terre concessible n'est pas toujours complètement en friches : tombée entre les mains de l'Etat par suite d'expropriations plus ou moins violentes, elle se trouve à l'état de *demi-culture*, d'un *rendement dérisoire*, mais enfin susceptible de *produit immédiat;* d'autre part, les populations indigènes partiellement dépossédées se montrent le plus souvent disposées à continuer d'exploiter, à titre locatif, leurs propriétés d'autrefois. Pour le prolétaire européen concessionnaire, cette terre dont l'Etat lui fait don, bien qu'il ne puisse la cultiver, n'est donc pas complètement inutilisable. Impuissant pour exploiter, il peut *affermer et vivre du fermage*. Mais l'Etat concesseur, par un illogisme bizarre, a calculé comme si la mise en valeur (impossible dans ces conditions) devait quand même se produire, c'est-à-dire qu'il a fixé à la surface de ses concessions des limites assez restreintes pour qu'une famille n'y puisse prospérer que grâce à une *exploitation moyennement intensive* ; l'expédient suprême de la location aux indigènes permet donc tout au plus de végéter misérablement, sans aucun espoir raisonnable d'améliorations dans l'avenir. Mais *supposons l'étendue* de la concession *doublée ou triplée* et le colon *continuant de vivre, par raison, dans les conditions d'extrême économie où il a dû vivre jusqu'alors par nécessité !* Il lui devient possible d'économiser la moitié ou les deux tiers de ses fermages, et, par conséquent, de se constituer ainsi, petit à petit, par l'épargne le *capital* grâce auquel il pourra un jour se mettre à sérieusement exploiter. Si l'on persiste à vouloir faire de la colonisation démocratique, voilà le seul moyen, le moyen héroïque, de *peut-être* réussir, puisqu'il permet au capital indispensable de se constituer sans crédit, avec le temps pour seul facteur. Il n'est applicable, il est vrai, que par exception, là où existent déjà des terres à demi-cultivées et une population autochtone disposée à les prendre en location ; il arrêtera les progrès du peuplement, puisque la quantité de terres à répartir se trouvera partagée entre un nombre de familles deux ou trois fois moindre ; l'effet économique attendu ne se produira qu'avec une extrême lenteur, la constitution par l'épargne du capital d'exploitation exigeant l'effort persévérant d'une et peut-être de plusieurs générations. Voilà les dangers certains ! En voici malheureusement encore d'autres, au moins probables ! Qui nous répond que cette longue période de passivité forcée ne paralysera pas les qualités actives du colon et, le climat aidant, ne le rendra pas inapte à sa tâche civilisatrice ? Qui nous garantit qu'en vue de résultats à longue échéance il se résignera à une vie de privations, alors qu'il ne tiendra qu'à lui de doubler ou tripler ses jouissances immédiates par la consommation intégrale de ses revenus ? La nature même de l'élément émigrant, faite d'audaces et de désirs bien plus que de patience, nous fait considérer ces cas comme devant être de beaucoup les plus fréquents. Le résultat définitif pourrait donc bien être simplement celui-ci : par défiance de l'élément bourgeois, on aurait créé de toutes pièces une autre oligarchie bourgeoise, inférieure à la première, puisqu'elle ne devrait pas à son énergie personnelle sa situation privilégiée ; d'une utilité générale à peu près nulle, puisqu'elle se contenterait de vivre d'un capital fourni par l'État et fécondé par le travail indigène ; d'une durée incertaine, car il est dans la nature des choses de compromettre facilement des biens acquis sans efforts personnels ; enfin d'une action politique peut-être néfaste, toute oligarchie oisive, surtout issue d'une race conquérante, s'imprégnant inconsciemment de prétentions féodales peu favorables à la pacification définitive.

Du moment où la colonisation démocratique ne peut (nous ne dirons pas même prospérer) mais simplement subsister qu'en devenant une espèce de bourgeoisie, n'est-il pas beaucoup plus simple de faire immédiatement appel à la bourgeoisie véritable, à celle qui arrivera avec un capital déjà formé, immédiatement prêt pour l'œuvre d'exploitation? Celle-ci du moins est capable de donner rapidement les résultats économiques impatiemment attendus par la Métropole : car les risques personnels qu'elle assume constituent la meilleure garantie de l'intensité et de la sagesse de son effort.

IV

Des primes propres à attirer la colonisation. — En quoi elles peuvent consister. — De la reconnaissance des matières concessibles. — De la publicité relative aux offres de concession.

Par quels moyens l'autorité gouvernementale peut-elle l'attirer? Par l'appât d'une *rémunération supérieure de son travail et de ses capitaux*, devant résulter de la *concession à des conditions exceptionnellement avantageuses* d'une matière exploitable beaucoup plus chèrement cotée dans les pays civilisés. La première préoccupation de l'État colonisateur doit donc être de dresser l'inventaire des richesses dont il peut disposer dans ses colonies.

En doivent être rigoureusement exclues les propriétés indigènes et, par ce mot, nous entendons, non seulement la forme absolue de droit privatif définie par nos codes, mais encore les droits de jouissance plus ou moins vagues, souvent collectifs, qui se rencontrent fréquemment chez les peuples primitifs et ont leurs racines profondés dans des mœurs et des nécessités économiques échappant trop souvent au coup d'œil superficiel du nouveau venu. Rien, à notre sens, n'est plus faux que certaine théorie, volontiers accueillie dans les milieux coloniaux, d'après laquelle toute richesse naturelle devrait revenir, sauf indemnité plus ou moins sérieuse pour le détenteur dépossédé, à celui qui est *capable d'en tirer le meilleur fruit!* D'abord il n'est pas bien certain que toujours et en toutes circonstances le colon soit à cet égard supérieur à l'indigène. Cette supériorité fût-elle absolue, l'admission d'un tel principe n'en serait pas moins grosse de dangereuses conséquences, car continuellement de nouveaux colons, mieux outillés économiquement que leurs devanciers, pourraient logiquement en réclamer l'application à l'encontre de ceux-ci, ce qui entraînerait dans le régime de la propriété une incertitude continuelle de nature à paralyser l'initiative et l'effort et, par cela même, le progrès. En restreindre l'effet aux indigènes seuls serait une hypocrisie dissimulant mal un retour indirect au système du refoulement, dont nous avons ci-dessus signalé les dangers. Une telle attitude, en compromettant et alarmant les intérêts de toute la classe propriétaire, rendrait difficile, coûteux et précaire l'établissement de notre domination. C'est pourquoi nous estimons que tout ce qui, pour l'autochthone, a une valeur attestée par une prise de *possession effective* ou une *jouissance traditionnelle* doit être *scrupuleusement respecté* : c'est dire que nous repoussons formellement le principe de toute expropriation forcée qui ne serait motivée que par l'intérêt particulier de l'élément immigrateur.

En quoi donc consistera la prime offerte à la colonisation? Dans la masse des richesses naturelles antérieurement inexploitées, telles que mines, carrières, forêts, terres en friches, etc. Tout cela constitue une somme de valeurs virtuelles souvent de beaucoup supérieure à celles déjà accaparées et qui peuvent être concédées sans inconvénient pour personne, puisque c'est d'un néant apparent que le travail européen fera surgir sa part.

Contrairement à ce qui a été dit plus haut à l'égard des explorations commerciales, pour lesquelles nous avons déclaré l'administration incompétente, nous estimons que celle-ci n'est pas inapte à accomplir le travail de reconnaissance des valeurs concessibles. En attendant qu'on ait pu former le personnel administratif spécial dont nous nous occuperons dans la troisième partie, elle possède déjà en effet tout un corps expérimenté d'ingénieurs, de forestiers, de géomètres, capables d'en relever, d'en apprécier et d'en déterminer la situation, la nature et l'importance. Tel est logiquement le premier soin qui s'impose à tout gouvernement colonial, aussitôt après la pacification et l'organisation du pays. Il ne saurait s'agir, bien entendu, en ce moment, d'un travail complet et définitif, qui demanderait de longues années et ajournerait d'autant l'inauguration de l'ère d'action effective. Il suffit d'abord de dresser l'*inventaire fidèle et circonstancié* de tout ce qui est *facilement, lucrativement et immédiatement exploitable* et de le porter à la connaissance du public métropolitain. Pendant que se traitera la concession de cette première zone, on étudiera successivement les suivantes et, en même temps, les travaux publics indispensables à leur mise en valeur : car il est dérisoire d'offrir à la colonisation ce dont elle ne peut pratiquement tirer aucun parti. La construction des *voies de communication* doit donc *toujours précéder la concession*, sauf dans certains cas particuliers où elle pourra constituer *une des charges de la concession elle-même*. Cette méthode n'exclut nullement l'adoption d'un plan d'ensemble, indispensable pour éviter la dilapidation et les incohérences ; mais, dans ce but, il suffit de tracer sommairement les grandes lignes générales, sauf à n'arrêter définitivement les points de détail qu'au fur et à mesure des besoins. Ainsi seulement on pourra réaliser, sans perte de temps, une œuvre pratique et raisonnée.

Au point de vue qui nous occupe, l'État peut être considéré comme un commerçant cherchant à placer dans le public des valeurs d'une nature quelconque : or, de nos jours, l'instrument indispensable de toute grosse affaire, c'est la *publicité*. Si donc l'administration coloniale veut trouver sûrement, avec rapidité et avantages, l'écoulement de son stock de concessions de toutes sortes elle ne doit pas se borner, comme elle l'a fait jusqu'ici, à attendre nonchalamment le client dans ses bureaux. Un banquier qui procéderait ainsi pour lancer une valeur risquerait de garder ses titres en caisse éternellement. Il faut que, par des journaux, des affiches, des prospectus, l'amateur éventuel soit partout recherché, relancé, poursuivi ; il faut que chaque préfecture, à cet égard, soit un bureau de renseignements relié à un bureau central, toujours au courant de la situation exacte ; qu'on y trouve en permanence l'état fidèle de toutes les valeurs concessibles immédiatement disponibles, avec toutes indications utiles sur leurs situations, contenances, genres d'exploitation dont elles sont susceptibles, conditions d'amodiation, en un mot sur toutes circonstances propres à éclairer les capitaux en quête de placements et les énergies en quête d'emploi. La publicité a plus à faire encore : elle doit attirer, forcer l'attention de la masse indifférente, de façon à l'habituer à des horizons nouveaux et créer ainsi insensiblement parmi elle un large courant d'opinion favorable aux entreprises coloniales. A ceux qui nous objecteraient la timidité des capitaux français, nous répondrions que la somme de nos capitaux répandue par le monde hors de nos frontières atteint déjà le chiffre respectable de vingt-six milliards (Voir : *Revue des Deux-Mondes*, n° du 1er mars 1897) et que, dans cette masse, une part notable est affectée, non à des placements dits de tout repos comme les emprunts d'Etats, mais à des entreprises industrielles et même à des spéculations hasardeuses, comme les mines d'or du Transvaal. Si nos colonies ont jusqu'ici peu profité de cet exode, c'est surtout parce que nos gouvernements ont négligé d'employer les procédés commerciaux dans des entreprises de nature essentiellement commerciale.

De là à tomber dans les abus d'une réclame mensongère, il y a tout un abîme. L'État n'est pas un spéculateur qui, ses valeurs une fois placées, puisse passer la main et se désintéresser du succès, puisque c'est dans ce succès seul que gît son intérêt véritable. Il doit donc être absolument sincère dans ses renseignements et même soigneusement distinguer, dans ses publications, entre les faits certains qu'il peut garantir et les appréciations plus ou moins probables que l'expérience seule pourra contrôler. Mais, en tant que grandes lignes générales, on ne saurait trop se pénétrer de cette vérité que, pour le placement dans le public du stock des valeurs naturelles contenues dans nos colonies, les procédés, toute proportion gardée, doivent être exactement les mêmes que ceux habituellement employés en vue du lancement de toute grande affaire industrielle. Peut-être objectera-t-on les frais devant résulter d'une telle publicité. Si elle est distribuée avec discernement, ils ne seront pas si grands qu'on serait tenté de le supposer. Il est inutile, en effet, que cette publicité soit partout portée à son degré maximum d'intensité. Tous les milieux ne sont pas également propices à tous les genres d'opérations. Les grandes affaires de mines et de forêts, par exemple, ne trouveront évidemment preneurs que sur quelques places importantes ; c'est donc là surtout, pour elles, que devra se concentrer l'effort. En revanche, les entreprises agricoles intéresseront surtout les populations rurales et, parmi elles, celles des régions en souffrance par surcroît de production ou élévation excessive des prix de revient ; c'est donc principalement sur ces points que devront être offertes les concessions de terres. Ces deux exemples suffisent pour indiquer comment la publicité peut être largement répandue, sans aboutir au gaspillage. D'ailleurs ce ne sera pas, tant s'en faut, une dépense improductive : d'abord elle provoquera au profit des valeurs offertes par l'État le summum possible de concurrence ; ensuite elle accélérera considérablement leur mise en valeur, et rapprochera ainsi la période des profits. Or c'est surtout en pareille matière que le temps c'est de l'argent.

V

Excellence du principe de la liberté illimitée des acquisitions en matière de concessions de terre. — Ses dangers. — Moyens d'y obvier. — De la meilleure procédure à suivre pour les aliénations.

On reproche souvent au négociant français une certaine tendance à tenir compte, dans ses offres, bien plus de ses traditions propres que des goûts et des desiderata de sa clientèle ; ce serait même, dit-on, en grande partie à l'adoption de la méthode contraire que le commerce allemand devrait les menaçants progrès dont l'Angleterre elle même commence à s'émouvoir. A ce point de vue, l'administration coloniale, si on la juge par ses agissements en Algérie, incarne bien le prototype de cette erreur nationale : systématiquement elle a créé trois moules de concessions, industrielles (de 2 à 5 hectares) ; rurales (de 25 à 40 hectares) ; de fermes (de cent hectares au maximum), tous soumis à un ensemble rigide de règles absolues, et elle a prétendu y couler uniformément la colonisation. C'est le procédé des maisons de confections, basé sur les moyennes de la taille humaine. Mais les écarts entre les énergies, les initiatives et les puissances économiques sont infiniment plus étendus et plus variables qu'entre les dimensions corporelles : aussi la véritable colonisation a-t-elle généralement refusé d'entrer dans ces cadres trop étroits, ou bien elle y étouffe, si elle a eu l'imprudence de s'y aventurer. En fait il est impossible d'imposer *a priori* aux concessions des dimensions fixes. La nature ne se prête pas à une telle uniformité : certaines régions, par la composition de leur sol, par leur climat ou par les débouchés qu'elles offrent, permettent des cultures intensives et, par cela même, la réduction des surfaces ; d'autres, au contraire, par les raisons opposées, ne sont exploitables que par des procédés plus ou moins extensifs entraînant la nécessité de vastes étendues. Et ces différences se nuancent à l'infini, non seulement entre pays séparés par de longues distances, mais même dans une même région, entre domaines voisins : la nature géologique, l'altitude, l'orientation, le voisinage d'un cours d'eau navigable ou inversement l'obstacle d'une montagne, l'existence ou l'inexistence de voies de communication diversifient indéfiniment les conditions nécesaires d'exploitation. Les goûts et les combinaisons des hommes ne sont pas moins variables que les aspects de la nature : chaque colon arrive avec ses vues particulières résultant de sa façon personnelle d'envisager les faces multiples des choses, et il est à peu près impossible que ces vues puissent s'adapter convenablement aux conditions générales systématiquement prévues par une administration : c'est toujours le vêtement de confection, qui est censé convenir à tout le monde et, en fait, ne satisfait personne. Contrecarré dans ses plans par les formules administratives, l'amateur généralement renoncera à l'entreprise ; si parfois il se résigne à persévérer, force lui sera de modifier ses projets, de faire autre chose que ce qu'il considérait comme le meilleur, de le faire donc avec moins de foi, moins d'entrain et, par conséquent, avec moins de chances de réussite. L'unique formule s'adaptant à toutes les conditions, ne s'opposant à aucune initiative, ne paralysant aucune énergie, c'est la *liberté absolue*, *sans restrictions* : il faut qu'on puisse acquérir la terre de l'État, comme on acquiert le drap du drapier, c'est-à-dire *sans aucune entrave* quant aux choix de la qualité et de la nuance et sans aucune limitation quant à l'aunage, sous la seule réserve de remplir les conditions de son acquisition. Nous allons voir quelles doivent être ces conditions pour prévenir tous sérieux abus.

En matière de colonisation, la somme d'argent que l'État peut retirer de l'aliénation de ses concessions ne présente qu'un intérêt secondaire, celles-ci se composant surtout de valeurs virtuelles sans grand prix immédiat. L'intérêt primordial, c'est leur *prompte mise en valeur*, qui, en augmentant la puissance d'échange de nos colonies, les rendra rapidement aptes à remplir leur rôle de débouchés consommateurs. Que ce desideratum soit réalisé par de petits ou de moyens capitalistes ou par de grandes sociétés financières, peu importe : c'est pourquoi il faut accepter la coopération de tous. Mais, à tout prix, il faut tenir la main à cette réalisation. Tout colon, individu ou société, qui par impuissance ou spéculation ne remplirait pas son rôle, est un *parasite* tenant abusivement la place d'une activité utile et *doit être écarté*.

La première précaution à prendre est donc de n'admettre que des colons nantis des ressources pécuniaires indispensables. En matière de mines ou de forêts, il y a peu de chose à craindre de ce côté, les bénéfices ne pouvant résulter que d'une exploitation effective et les redevances périodiques stipulées par les cahiers de charges devant bientôt éliminer les compétiteurs impuissants. Mais, pour les terres, il peut en être différemment, surtout si elles sont susceptibles de fournir, telles quelles, un revenu quelconque immédiat. Dans cette hypothèse, en effet, le colon sans ressources peut se porter amateur, avec l'arrière-pensée de ne *jamais chercher à mettre en valeur* et de se contenter de maigres fermages. L'Etat a donc le devoir de se prémunir contre ce danger. Mais, au point de vue des ressources exigées des immigrants, tous les certificats du monde ne constituent qu'une garantie illusoire, les maires des communes d'origine ne les refusant jamais ni aux amis, par complaisance, ni aux adversaires, par secret désir de s'en débarrasser. D'autre part, le *dépôt obligatoire d'un capital* dans une banque privilégiée offrirait d'abord l'inconvénient d'engager la garantie de l'Etat ; ce serait de plus une sûreté vaine, peut-être un simple trompe-l'œil *loué*, si le déposant pouvait retirer les fonds à sa guise ; en revanche, cela pourrait devenir une entrave fort gênante, si, pour chaque prélèvement, le colon était tenu de justifier d'une amélioration déjà réalisée de valeur correspondante. La garantie la plus simple est donc encore *la vente*; car il y a de sérieuses chances qu'on n'aventure un capital qu'avec la volonté d'en tirer sérieusement parti.

Mais la vente pure et simple n'est une garantie qu'à l'encontre du colon sans ressources ou nanti seulement de ressources insignifiantes. Elle n'en sera pas une contre le *spéculateur* : celui-ci, s'il est assuré de trouver, dans une simple location, un intérêt même modeste de ses capitaux, peut être tenté *d'accaparer* de vastes espaces en vue de la plus-value que l'ascension de la richesse générale ne manquera pas de produire un jour. Pour écarter ce dangereux parasite, le meilleur moyen est, non seulement de lui vendre la terre, mais de la lui *vendre assez cher* pour que l'insuffisance du taux de location multipliée par la durée d'attente probable rende sa spéculation fortement aléatoire. Mais ce haut prix n'écartera-t-il pas du même coup le colon sérieux, c'est-à-dire animé sérieusement de l'intention de mettre en valeur ?.. Non, si l'on a recours à la combinaison suivante, que j'appellerai la *vente avec prime d'exploitation*. Elle consiste d'abord à n'exiger du colon le versement *immédiat* que d'une *faible partie* du prix, avec *échéances suffisamment espacées* pour le paiement du surplus ; ensuite à lui faire *remise partielle ou totale* de ces échéances, au cas où il justifierait d'une certaine somme de *travaux d'amélioration*. Par ce moyen, le haut prix demandé, pour le colon *sérieux*, ne serait que *fictif*, et par conséquent facilement *acceptable*, alors qu'il resterait *réel* et, par conséquent, *inaccessible* pour le spéculateur.

Mais il ne suffit pas que l'amateur puisse acheter tout ce qu'il veut et rien que cela ; il est en outre très important qu'il puisse le faire à son heure, sans retards ni obstacles. C'est pourquoi nous repoussons, en tant que *système général*, non seulement le système actuel (qui est un régime de pur arbitraire), mais même le procédé de l'adjudication publique, comme offrant l'inconvénient de n'agir que par intermittences, avec intervalles plus ou moins considérables, pendant lesquels les ressources apportées se gaspillent en pure perte et parfois s'épuisent, les bonnes volontés s'impatientent et souvent se découragent. Pour nous, la procédure usuelle, de droit commun, doit être *la vente à bureau ouvert*. L'amateur qui, après visite et étude sur place, a fait son choix, se présente devant l'agent préposé et demande à acheter. L'agent consulte ses plans et sommiers, où d'avance sont catalogués, par *catégories et unités*, les prix et conditions de vente de chaque parcelle. S'il y a entente, acte est passé *séance tenante*, puis immédiatement et directement envoyé *à la sanction de l'autorité* nantie du droit de décision définitive. Le rôle de celle-ci est absolument simple et se réduit à une vérification matérielle : les prix et conditions prévus au sommier ont-ils été exactement reproduits dans l'acte ? Voilà tout. Abstraction faite des délais nécessités par la distance existant entre la résidence de l'agent local et celle de l'autorité supérieure, l'affaire pourrait donc être réglée en quarante-huit heures. Toutefois l'intérêt de l'État et celui du bon renom de l'administration nous feraient considérer une aussi grande précipitation comme abusive : bien qu'il y ait beaucoup de chances pour que, pendant longtemps encore, la demande soit bien inférieure à l'offre, il ne faut pas négliger cependant les chances de concurrence qui peuvent surgir ; il ne faut pas surtout que les représentants de l'État puissent jamais être soupçonnés de quelques louches complaisances ou faveurs. A cet effet, nous estimons que la validité de toute vente doit être suspendue pendant un certain délai, *variable suivant l'importance de l'affaire,* mais *légalement fixé* ; que, pendant ce délai, l'acte en suspens doit être soumis à *une publicité* également déterminée, *proportionnelle au chiffre des intérêts engagés* ; enfin que, jusqu'à l'expiration du délai, *toute surenchère offerte doit être agréée* et donner lieu à une *adjudication restreinte* entre l'amateur primitif et son ou ses concurrents déclarés. Les retards occasionnés par l'accomplissement de ces formalités seront minimes pour les affaires médiocres, apparemment de beaucoup les plus nombreuses ; même pour les plus importantes (comme celles de mines ou de forêts) elles ne devraient pas, à notre avis, dépasser six mois au maximum. Dans tous les cas, le soumissionnaire ne risquerait jamais d'être victime d'aucun mauvais vouloir ni d'aucune indolence, puisqu'il connaîtrait d'avance la durée exacte de la période d'incertitude passée laquelle son contrat, si aucune compétition ne s'est produite, ressortira de *plein droit* son entier effet.

VI

Moyens propres à faciliter les transactions immobilières entre indigènes et Européens.

Le champ d'action que l'Etat peut concéder, quelque vaste qu'il puisse être, ne constitue qu'une partie du marché colonial ; la masse des valeurs immobilières détenues par les indigènes peut également fournir une matière considérable de transactions. Mais celles-ci ne relèvent que des lois économiques partout en vigueur : *liberté*, *offre* et *demande*. L'Etat n'a à intervenir en général qu'en vue de prévenir les fraudes et d'assurer la sincère exécution des contrats. Toutefois, dans certains pays primitifs, les transactions immobilières sont singulièrement entravées par la situation particulière de la propriété. Nous ne faisons pas allusion ici aux cas de propriétés ou de jouissances collectives, qui résultent de conditions d'existence ou de mœurs spéciales et auxquelles, par conséquent, il serait dangereux de porter inconsidérément atteinte. Mais la propriété nominalement individuelle (bien que souvent à l'état d'indivision de fait) est elle-même souvent entourée de tant de vague et d'incertitude que son acquisition devient une opération assez aléatoire. Pour en supprimer les risques, l'intervention du législateur est alors nécessaire ; la difficulté est qu'elle soit efficace sans devenir abusive. La levée d'une armée de géomètres et d'enquêteurs dans le but de constituer à la mode française, par exemple, toute la propriété arabe ou soudanaise, est une conception *ruineuse* et *vaine*, les obscurités, par le simple effet du temps et des mœurs, devant se reformer incessamment derrière l'opérateur. Nous ne connaissons à cet égard de conception réellement pratique que la législation australienne, récemment transportée en Tunisie et qu'on nomme Act-Torrens. C'est surtout un *système de purge*, en vertu duquel, à la suite d'une publicité d'une durée déterminée, tous les droits réels occultes qui ne se sont pas révélés et justifiés sont réputés abolis à l'égard de tous. L'opération, qui se fait par *cas individuels*, n'est pas coûteuse ; elle respecte les droits des possesseurs de fait, en somme les seuls sérieux, l'abandon volontaire et prolongé de la jouissance équivalant à un délaissement tacite ; enfin elle assure à l'acquéreur toute sécurité contre les retours offensifs de la chicane. A l'exception des procéduriers qui vivent des discordes, nous ne voyons pas quels intérêts peuvent être lésés par une telle institution. Aussi n'hésitons-nous pas à en préconiser absolument le principe, pour toutes nos colonies, sauf à adapter les détails à chaque situation particulière ; c'est à cette condition seulement que les transactions immobilières pourront devenir usuelles entre indigènes et Européens.

VII

Importance nécessairement variable des exploitations agricoles coloniales. — Supériorité des exploitations moyennes. — Du rôle des grandes compagnies. — Peut-on leur déléguer des droits de souveraineté ?

Voilà, d'après nous, par quels procédés, peut être

attiré dans nos colonies l'élément capitaliste, qui, dans l'*ordre d'urgence*, constitue le *premier* de leurs besoins. Par cela même que nous n'imposons aux initiatives aucune limite autre que celle des moyens d'action dont elles disposent, la colonisation sera représentée par des entreprises d'importance infiniment variable, depuis la ferme du paysan jusqu'au vaste domaine de la société anonyme. Ce n'est pas que toutes ces formes d'activité occupent indifféremment le même échelon sur l'échelle de nos préférences : celles-ci vont surtout à l'*exploitation moyenne*, assez vaste pour entretenir à elle seule les petites industries accessoires indispensables à l'agriculture, assez restreintes pour ne pas dépasser la puissance de direction et de surveillance du propriétaire lui-même. L'exploitation moyenne, en effet, est, à nos yeux, celle qui, tout en assurant complètement la mise en valeur effective, réalise le mieux l'implantation durable dans la colonie de la race immigrante, en la fixant au sol par un lien plus solide que l'intérêt lui-même, par l'attachement du créateur envers sa création. Mais il n'est pas bien sûr que, de longtemps encore, la bourgeoisie française prenne suffisamment de goût à la noble mais rude vie coloniale pour aller en personne occuper toutes les terres vacantes. Beaucoup croiront pousser l'héroïsme assez loin en y envoyant leurs capitaux. C'est pourquoi nous croirions dangereux de repousser le concours des associations financières, alors surtout que, pour certaines œuvres à longue échéance et nécessitant des mises de fonds considérables, elles seules présentent une puissance suffisante. Mais, s'il nous paraît utile et nécessaire de les traiter avec la même faveur que les concessionnaires individuels, nous ne saurions admettre à leur profit de ces monopoles vagues et mal définis sur des régions entières, englobant, bon gré mal gré, les habitants avec le sol et constituant une aveugle délégation du droit de souveraineté. Une grande société commerciale, agricole ou industrielle, ne peut en somme avoir en vue que la satisfaction de ses actionnaires, devant résulter exclusivement du chiffre des dividendes. Tout chez elle sera subordonné à cet objectif unique, qu'il faudra obtenir *per fas et nefas*, au besoin par l'exploitation sans mesure des populations indigènes. Or ces sortes d'abus tôt ou tard se paient par des *insurrections*, qu'on ne réprime qu'au prix du sang et de l'or de la métropole. D'ailleurs qui peut répondre que les titres anonymes de ces sociétés resteront toujours entre des mains françaises et que la grande compagnie ne deviendra un organisme anti-patriotique ? Quelques précautions qu'on prenne à l'égard de la nationalité des administrateurs et gérants, elles seront illusoires : les consciences ne s'achètent pas beaucoup moins facilement que les simples actions au porteur?.. L'exemple de l'étranger d'ailleurs ne fait que nous confirmer dans notre opinion. La compagnie des Indes a prospéré, il est vrai, mais à une époque où la tension des rivalités européennes, moins grande que de nos jours, rendait moins dangereuse l'exploitation du mécontentement des races assujetties. Encore l'Angleterre a-t-elle cru prudent de ressaisir l'exercice de sa souveraineté. Quant à la Chartered Compagnie de l'Afrique Australe, outre qu'elle semble s'inspirer du principe de la substitution des races (inapplicable chez nous), n'est-elle pas au fond la secrète exécutrice, au besoin désavouable, d'une politique gouvernementale inavouée ?.. Elle ne saurait donc constituer un argument. Notre conclusion est que, quelque large place qu'on laisse prendre aux grandes Compagnies, il faut que l'Etat, gardien des intérêts supérieurs de la France, les maintienne strictement, comme tous autres colons, dans les limites de leur rôle d'institutions *privées*.

VIII

Du recrutement des émigrants non propriétaires.

Il ne s'est agi jusqu'ici que des moyens propres à attirer des *propriétaires*. Mais nous avons établi plus haut que ceux-ci ne formaient qu'un des éléments européens nécessaires à l'œuvre colonisatrice. Il faut aux propriétaires, comme auxiliaires indispensables, les spécialités techniques de tous degrés que nous avons appelées les cadres de l'armée économique. Comment réussira-t-on à les attirer ?... Suffira-t-il de leur offrir des passages gratuits et de les laisser, une fois débarqués, chercher l'emploi de leur activité ?... Ce serait lancer dans de gros risques des gens d'autant plus intéressants que la plupart arriveront avec des ressources pécuniaires restreintes ; elles seront bientôt épuisées, si leurs possesseurs en sont réduits, pour trouver du travail, à errer à l'aventure à la recherche des domaines concédés, qui seront perdus dans l'immensité du pays barbare comme des ilôts au milieu de l'Océan. Jamais des gens *sérieux* ne se décideront à courir de telles aventures. Pour les décider à quitter la France, il faut qu'ils soient assurés de trouver, à des *conditions connues d'avance*, l'utilisation *immédiate* de leurs facultés. Or cette certitude, ce n'est pas l'administration qui peut la leur donner, mais l'employeur seul, par un *marché ferme* passé avant l'embarquement. Lui seul en effet sait exactement le nombre et la nature des aptitudes dont il a besoin, ainsi que le taux des rémunérations qu'il peut leur allouer : c'est donc à l'*employeur* qu'il faut laisser le soin *de recruter ses employés*, et par ce mot nous entendons tous ceux appelés à travailler pour le compte et sous la direction d'autrui, depuis l'ingénieur jusqu'au forgeron. Evidemment la mise en rapport entre le propriétaire, qui habitera généralement la colonie, et le salarié, résidant dans la métropole, ne peut être directe et personnelle ; des intermédiaires sont indispensables. La question a été résolue par les Argentins et les Chiliens par la création d'agences de racolements ; mais les abus de ces institutions purement mercantiles, leur puffisme éhonté, l'insuffisance de leurs garanties, leur exploitation sans vergogne de l'ignorance et de la naïveté des émigrants les ont fait tomber dans un discrédit trop justifié. Ce qu'il faut instituer, c'est une sorte de bureau de placement *honnête*, *économique*, *indifférent aux bénéfices*, *contrôlant dans une certaine mesure les titres de ses clients*, *renseignant impartialement employeurs comme employés* sur tout ce qu'ils ont intérêt à connaître : nul mieux que l'*administration* n'est apte à remplir ce rôle.

Voici comment nous comprenons le fonctionnement de ce service : dans la colonie, l'employeur fait connaître au Gouverneur local le nombre et les catégories d'activités qu'il demande, les prix et conditions qu'il leur offre et les nom et adresse d'un mandataire résidant dans la métropole et ayant pouvoir de contracter en son nom ; le Gouverneur fait contrôler discrètement l'identité du demandeur, les qualités qu'il s'attribue, l'ensemble de garanties générales qu'il semble offrir, et transmet, avec son appréciation personnelle, la demande au Ministère des Colonies. Celui-ci, à son tour, la communique à chaque préfecture, où un agent spécial est chargé de la publier dans toutes les communes du département et de fournir aux intéressés tous renseignements désirables. Si accord intervient entre le candidat émigrant et le mandataire de l'employeur, marché ferme est passé entre eux et communiqué à l'employé spécial de la Préfecture qui, sur le vu de cette pièce, requiert immédiatement du Ministre des Colonies délivrance d'un passage gratuit au profit de l'émigrant et de sa famille. Par ce système, nous sommes aussi sûrs qu'on peut l'être de n'introduire aux colonies que des activités utilisables et d'assurer aux parties le summum de garanties qu'elles puissent espérer.

Il est bien certain que cette classe nombreuse et intéressante des colons auxiliaires ne restera pas indéfiniment dans la situation subalterne qu'il lui faudra d'abord accepter. Sa condition surbordonnée lui permettra de profiter, sans risques personnels, des écoles faites par le patron et de se constituer ainsi gratuitement une précieuse expérience ; d'autre part, l'élévation forcée des salaires dans des pays neufs où les besoins de la demande sont considérables rendra possible à beaucoup l'épargne d'un petit capital. Avec ces deux éléments primordiaux, expérience et capital, se fondera naturellement la petite propriété, à côté de la grande, chez laquelle elle trouvera le complément de travail salarié indispensable à son existence. Ainsi, mais seulement ainsi, peut s'établir peu à peu la démocratisation de la propriété dans les colonies.

IX

Des villages de colonisation.

Dans tout ce qui précède nous n'avons fait aucune allusion à une question qui, en Algérie, s'est résolue par beaucoup de dépenses et fort peu de succès : celle de la création des villages de colonisation, autrement dit le *groupement obligatoire* des concessionnaires sur un point déterminé.

La raison de ce silence, c'est qu'à nos yeux le village de colonisation est une création *artificielle* ne s'expliquant que par une *inconscience absolue des nécessités de la vie agricole ;* ses avantages sont problématiques et ses inconvénients désastreux.

Le village de colonisation est *inconciliable avec le principe de la liberté des acquisitions* de terres, qui, seule, peut attirer le colon capitaliste. Le souci de l'égalité démocratique y impose la *chinoiserie du lotissement par zone*, qui divise les propriétés, en complique la culture et en paralyse la surveillance. La nécessité de donner une importance en rapport avec les frais d'installation à une agglomération composée *exclusivement de propriétaires terriens étend fatalement outre mesure* le périmètre du territoire, d'où *négligence forcée des zones éloignées, économiquement inexploitables.* Les prétendus avantages de sociabilité invoqués parfois en faveur du village se transforment souvent, entre colons d'origine et d'éducation forcément très différentes, *en féroces haines de voisinage*, quand ils ne se réduisent pas en *promiscuités de cabaret.* Même au point de vue de la sécurité, le village n'offre pas de garanties particulières : son caractère de lieu public ne permet pas d'en éliminer préventivement les rodeurs indigènes qui, sous divers prétextes, viennent y étudier leurs mauvais coups ; contre l'attaque de malfaiteurs *isolés*, la *ferme capitaliste*, avec son personnel, est aussi *bien prémunie ;* contre de *sérieux mouvements insurrectionnels*, elle n'est *pas plus impuissante.*

La molécule élémentaire de la vie agricole, c'est la ferme. Elle seule, quelle que soit son importance, forme un tout compact, d'une surveillance facile et d'une exploitation économique. Pour vivre et fonctionner, que lui faut-il, en outre du capital que nous lui supposons acquis ?

1° Une direction ! Elle la trouvera soit dans le propriétaire résidant en personne, soit dans le gérant chargé de le représenter ;

2° Des cadres européens ! Elle se chargera elle-même

de les constituer au gré des convenances du propriétaire, le meilleur de tous les juges ;

3° De la main-d'œuvre indigène ! Elle se la procurera dans les villages autochthones préexistants dans le voisinage et même ne tardera pas à la fixer définitivement autour d'elle, si elle peut lui fournir un travail ininterrompu ;

4° Les industries accessoires indispensables à toute agriculture ! Elle les attirera dans les mêmes conditions que ses contre-maîtres ordinaires, si elle est assez importante pour leur assurer la somme de travail nécessaire à leur existence. Dans le cas contraire, elle aura recours à l'*association* avec les petites et moyennes exploitations environnantes.

Voilà le nécessaire !

En outre des nécessités, il y a les simples utilités, telles que les petits commerces de consommation. Tant que n'existera pas un groupement consommateur suffisant pour les faire vivre, il serait puéril de les implanter artificiellement ; ils ne resteraient pas. Du jour où ce groupement se sera formé, ils viendront spontanément s'y adjoindre.

Telles sont les règles rationnelles suivant lesquelles se sont formées les agglomérations rurales dans tous les temps et tous les pays. Qu'on se donne la peine d'examiner et d'analyser en France même les villages *purement agricoles*, c'est-à-dire vivant exclusivement de la terre, sans *adjonction d'industries ni de commerces d'exportation !* On verra : 1° qu'ils se réduisent toujours à une ou quelques fermes, dont le nombre est en raison inverse de leur importance et dont la somme des superficies, malgré un degré de sécurité inconnu dans les colonies, dépasse rarement *mille hectares*; 2° que leur population se compose exclusivement des auxiliaires de la ferme et des petits détaillants qui en vivent. La ferme est donc l'embryon du village agricole : la formation et le développement de celui-ci dépend de l'existence et de la prospérité de celle-là. C'est donc par la ferme qu'il faut commencer l'œuvre colonisatrice.

Ce qui est vrai pour le village agricole, l'est à plus forte raison pour le village industriel, dont la population suit évidemment le sort de l'usine capitaliste qui la fait vivre.

Quant aux centres commerciaux, ils supposent la préexistence dans un rayon déterminé d'un certain nombre de foyers de production agricole ou industrielle, qui seuls peuvent leur fournir des matières d'échanges. Si ces conditions se réalisent, le centre commercial éclot spontanément, soit de toutes pièces, soit par adjonction à quelque groupe de formation primaire favorablement situé. Mais, par cela même qu'il ne peut que suivre l'évolution de la richesse future, il est impossible d'avance de lui assigner un siège et de circonscrire son importance, qui peut être aussi indéfinie que celle du village agricole est naturellement limitée.

La seule objection un peu spécieuse qu'on puisse soulever contre le système des fermes ou groupes de fermes isolées est la suivante : avec lui, impossible de satisfaire immédiatement aux besoins moraux de la colonisation, par la création d'écoles ou d'édifices religieux. Si par ces mots on entend des œuvres d'architecture ou des palais scolaires répondant aux exigences ministérielles de la métropole, le fait est vrai : les monuments publics ne sauraient exister où n'existent pas encore d'agglomérations. Mais, provisoirement, le culte ne peut-il être célébré par des missionnaires nomades dans des locaux quelconques et une instruction rudimentaire être donnée un peu partout par des instituteurs de rencontre?... Les colonies américaines n'ont pas débuté autrement. C'est un inconvénient sans doute, mais un inconvénient transitoire, qui cessera avec la formation *naturelle* des groupements de populations, la seule donnant des résultats ayant chances de durée. Cet inconvénient, d'ailleurs, n'est-il pas infiniment moins grave que ceux engendrés par le système des villages artificiels, *dont le dépeuplement rapide laisse bien vite à l'état de ruines des bâtiments somptueux* où s'est englouti inutilement l'or du budget métropolitain?... Des terres, de la sécurité, des moyens de transport économiques, voilà ce que la colonisation a le droit de revendiquer *immédiatement*, parce que ce sont pour elle des conditions *sine quâ non* d'existence! Pour le surplus, que la mère-patrie a mis des siècles à obtenir, elle peut bien attendre d'avoir donné quelques gages de sa vitalité et de sa durée.

V

De la condition civile des colons. — Nécessité de modifier les lois métropolitaines en vue de faciliter la mobilisation de la propriété foncière. — Inocuité d'une telle innovation. — Moyens propres à la réaliser. — Procédure et tribunaux civils.

Voilà donc réglés les principaux points relatifs à l'implantation de la colonisation. Nous allons maintenant examiner quelle doit être la condition civile et politique des colons.

Le statut personnel étant la résultante logique des mœurs et des traditions de chaque pays, les mêmes raisons qui nous ont fait conclure au respect des institutions indigènes nous obligent, *a fortiori*, à conserver aux immigrants français le bénéfice des lois qui dans la métropole régissent la condition des personnes. Quant au statut réel, c'est-à-dire concernant le régime de la propriété, il est trop ancré dans les habitudes nationales pour que toute modification profonde de son économie n'engendre pas pour les Français des colonies des perturbations plus nuisibles qu'avantageuses ; la propriété du colon, une fois entre ses mains, qu'elle provienne de concessions émanant de l'Etat ou du jeu libre des transactions, doit donc également être régie par le droit français. Toutefois peut-être n'est-il pas inutile d'amender ce droit sur quelques points de détails.

Notre législation immobilière, inspirée par des préoccupations féodales ou monarchiques qui prédominaient aux époques lointaines de sa formation, tend à l'immobilisation de la propriété foncière. A cet effet, non seulement elle a multiplié les formalités d'expropriation, mais, par la création d'hypothèques occultes, la reconnaissance de droits latents, l'extension considérable des délais de prescription, elle s'est appliquée à faire de l'acquisition de la terre une opération délicate, lente, compliquée, grevée de frais considérables, dans laquelle un légiste expérimenté peut seul s'aventurer avec toute sécurité. Etant donné le but, les moyens y étaient admirablement appropriés. Mais dans les colonies, ce qu'il importe de favoriser, ce n'est plus l'immobilisme et la conservation à outrance, mais au contraire l'action et l'esprit d'entreprise. Or il est bien évident que les initiatives seront d'autant plus nombreuses et plus hardies qu'il sera plus facile de se dégager d'une affaire n'ayant pas répondu entièrement aux expérances, et que la mise en valeur du domaine colonial sera d'autant plus complète que les activités fatiguées ou épuisées pourront plus aisément passer la main à de nouvelles audaces. L'intérêt colonial supérieur consiste donc à prendre, à ce point de vue particulier, le contre-pied de notre législation métropolitaine, c'est-à-dire à faciliter largement la circulation de la propriété immobilière.

Contre cette opinion on a objecté le danger d'ouvrir ainsi une porte plus large à l'usure et à la spéculation. Mais l'argument n'a pas pour nous grande valeur. Tout usurier ou spéculateur est doublé d'un légiste retors. Ce n'est pas lui que rebutent les subtilités ni les obscurités de la législation ; c'est le prêteur honnête et l'amateur sérieux. Aussi les prétendues garanties du Code n'ont-elles généralement pour effet que d'écarter ces derniers et de laisser ainsi le champ libre aux manœuvres de leurs louches compétiteurs. D'ailleurs il faut considérer que, dans notre système, le colon n'est plus un prolétaire besogneux que le moindre emprunt accule à l'expropriation ; c'est un capitaliste qui, s'il croit devoir recourir au crédit, ne le fera qu'après avoir déjà réalisé, par ses propres moyens, des plus-values constituant de sérieuses garanties et par conséquent devant abaisser à un chiffre pratiquement acceptable le taux de l'intérêt. Enfin, contre les parasites coloniaux, des sûretés très sérieuses seraient fournies par le procédé plus haut préconisé de la *vente avec primes d'exploitation*, puisque leur opération aboutirait en définitive à l'une des situations suivantes : 1° Ou bien l'expropriation aurait lieu avant toute sérieuse mise en valeur et avant le paiement du prix dû à l'Etat ; mais, dans ce cas, le spéculateur serait substitué de plein droit aux obligations de l'exproprié et par conséquent débiteur d'un prix fixé justement assez haut pour rendre la spéculation infructueuse ; 2° Ou bien l'expropriation ne surviendrait qu'après la mise en valeur de la totalité ou d'une proportion importante de la propriété et, par conséquent, après libération complète ou à peu près complète à l'égard de l'Etat ; mais alors l'appât d'un revenu sérieux et immédiat attirerait des compétiteurs et le domaine atteindrait son prix normal. D'ailleurs, par le seul fait de la mise en valeur, le but d'intérêt général se trouverait atteint, l'acquéreur, quel qu'il soit, ayant profit à ne pas laisser s'amoindrir entre ses mains la plus-value réalisée. On voit donc que la mobilisation de la propriété n'offre pas d'inconvénients à beaucoup près comparables à ses avantages. La seule question qui pour nous se pose sérieusement, c'est le choix des moyens propres à la réaliser.

L'Australie n'a pas reculé devant la plus radicale des solutions ; la terre, pour elle, est une valeur comme les autres, ne comportant aucun traitement particulier. Aussi a-t-elle fait du titre de propriété immobilière une véritable lettre de change, transmissible par simple endossement. La prospérité de cette grande colonie ne semble pas avoir souffert de la réalisation d'une idée si révolutionnaire. Cependant la conscience que nous avons des abîmes séparant la prudence française de l'audace anglo-saxonne nous détermine à recourir à des palliatifs plus facilement acceptables. C'est pourquoi nous nous contenterons de réclamer : 1° une simplification très grande des formalités d'expropriation ; 2° une réduction importante des délais de prescription ; 3° l'inscription obligatoire, sous peine de nullité à l'égard des tiers, des hypothèques légales et droits réels de toute nature. La facilité et la sécurité des transactions, conditions *sine quâ non* de la vitalité des colonies, réclament ce minimum de mesures.

Si notre droit civil peut être généralement appliqué aux Français des colonies, il n'en est pas de même de notre procédure, qui doit être rejetée en bloc, comme foncièrement mauvaise. En France même, ses longueurs, son formalisme, ses subtilités, arsenal inépuisable mis au service de la mauvaise foi, sont déjà considérés avec juste raison comme la plaie de nos tribunaux. Inventées par les procureurs de l'ancien régime, toutes ces minuties ont pour but véritable, non d'assurer une juste solution des litiges, mais uniquement de grossir le dossier et, par cela même, l'état des frais. La difficulté de concilier en pareille matière une réforme radicale avec la situation créée par la vénalité des charges parait être la seule cause du maintien d'une institution aussi abusive. Or ces inconvénients, dans les colonies, seraient beaucoup plus graves encore que dans la métropole ; des distances forcément plus considérables y séparent les justiciables des tribunaux ; toute prolongation inutile d'incertitude sur les droits y retarde, au grand détriment de l'intérêt général, la mise en valeur du sol et paralyse cette activité un peu fiévreuse qui est la condition de toute création ; enfin le champ des dépenses productives y est tellement vaste qu'il serait criminel de détourner, sur les ressources du colon, plus que le strict nécessaire au profit de professions parasitaires. Ce qu'il faut aux colonies : c'est d'abord, près des tribunaux, un nombre *restreint* d'auxiliaires *privilégiés* cumulant les attributions de l'avoué et de l'avocat, assez occupés pour n'en pas être réduits à rançonner le client et arrêtant, par l'obstacle de leur monopole, le flot envahisseur des agents d'affaires plus ou moins diplômés, qui sont un des fléaux des pays nouveaux ; c'est ensuite une procédure simple, rapide et économique, analogue à celle de nos juridictions commerciales, qui journellement règlent avec rapidité et beaucoup moins de frais des intérêts au moins aussi importants que ceux tranchés par les tribunaux de droit commun.

L'application de la loi française suppose nécessairement l'établissement de tribunaux français. Leur compétence doit s'étendre, non seulement aux litiges entre Européens, mais encore aux procès pendants entre ceux-ci et les indigènes, l'intérêt supérieur de la colonisation ne pouvant être laissé à la merci de la race assujettie. Mais, dans ce dernier cas, il est indispensable d'adjoindre aux juges français un ou plusieurs assesseurs indigènes. Ce n'est pas que nous nous défions de l'impartialité de nos magistrats ; mais il importe que les populations autochthones en soient également convaincues, et cette conviction ne saurait mieux s'établir que par la vue de leurs compatriotes siégeant à côté des nôtres. D'ailleurs, dans l'interprétation de bien des contrats, les détails de mœurs fournis par l'assesseur indigène serviront puissamment au tribunal pour éclairer les véritables intentions des parties et faire ainsi triompher la bonne foi ; or c'est surtout sur l'esprit simpliste du primitif que serait désastreuse l'impression produite par la lettre judaïque d'un texte l'emportant sur l'équité Cette considération, jointe aux contradictions possibles des deux législations en présence et à la multiplicité des cas nouveaux impossibles à prévoir, doit faire attribuer aux tribunaux coloniaux des pouvoirs d'interprétation beaucoup plus larges qu'aux juges métropolitains ; car c'est leur jurisprudence qui est appelée à fonder peu à peu l'espèce de droit prétorien qui, dans l'avenir, présidera aux rapports des deux éléments de population.

En résumé, la situation civile des colons doit donc fort peu différer de celle de leurs compatriotes de France. Nous allons voir qu'il n'en saurait être de même de leur condition politique.

XI

Différences fondamentales des régimes politiques appliqués, dans les possessions anglaises, aux colonies de peuplement et aux colonies mixtes. — Justification de ces différences.

On vante volontiers les libertés politiques illimitées dont jouissent leshabitants des colonies anglo-saxonnes, qui retrouvent, en débarquant sur la terre nouvelle, la plénitude des institutions de la mère-patrie. Ce fait toutefois n'est pas d'une généralité absolue : il ne se constate que dans les colonies fondées sur le principe de la substitution des races, autrement dit de pur peuplement, telles que l'Australie et la Nouvelle-Zélande. Dans celles au contraire où, comme dans l'Inde, l'élément immigrateur se trouve mélangé à une forte proportion de population indigène, l'Angleterre, non seulement ne livre pas à ses colons l'administration intérieure de la colonie, mais elle leur refuse même toute représentation dans le parlement métropolitain. L'application simultanée par un peuple à la fois si libéral et si raisonnable de deux méthodes aussi tranchées ne peut être dictée que par de très sérieuses raisons. Elles existent, en effet, et nous allons tâcher de les faire ressortir.

Dans les colonies de pur peuplement, les seuls éléments dont il y ait à tenir compte sont des Européens, des civilisés, également préparés à l'exercice des mêmes prérogatives et, en fait comme en droit, aptes à se faire contrepoids les uns aux autres dans une suffisante mesure. La remise complète entre leurs mains de la politique intérieure peut bien ouvrir la porte à des fantaisies et à des aventures. Il serait même fort étonnant qu'une pure démocratie, sans guides traditionnellement acceptés, sans expérience politique et sans contrepoids, pût arriver d'emblée à la sagesse. Mais là le remède est à côté du mal : les intérêts atteints par d'imprudentes mesures se cabrent, se coalisent et, s'ils présentent une certaine importance, finissent, soit par triompher, soit par imposer une transaction acceptable par tous. Les désastres, s'il en est d'inévitables, sont ceux que comporte toute lutte engagée sans disproportion irrémédiable de forces, c'est-à-dire qu'ils laissent ouverte la consolante perspective d'une revanche sur le même terrain électoral. Sans doute il peut en résulter un ralentissement dans le développement de la colonie ; mais c'est une crise, comme il s'en rencontre dans la croissance de tout organisme : rien de vital ne s'en trouve atteint ; au contraire, une consolidation ressort de l'épreuve. Enfin (considération capitale !) toutes ces divisions n'ont *aucune répercussion sur les liens qui rattachent la colonie à la métropole*. Comme une mère sage, qui contemple avec sérénité les luttes, même parfois un peu trop ardentes, dans lesquelles ses enfants exercent leurs forces naissantes, celle-ci continue à planer dans le respect et la vénération de tous.

Dans les colonies mixtes, la coexistence d'une population indigène proportionnellement considérable crée une situation toute différente. Nous avons vu, dans le précédent chapitre, que des intérêts vitaux nous empêchent de doter les autochtones de nos institutions représentatives. Dans ces conditions l'application aux seuls Européens des principes constitutionnels en vigueur dans les colonies de pur peuplement ne constituerait qu'une grossière parodie de droit commun, puisqu'elle aboutirait à mettre l'immense majorité du pays, ligottée et baillonnée, à la discrétion d'une infime minorité. Par cela seul qu'elle intronise un tel régime, la métropole assume, bon gré mal gré, la responsabilité de toutes ses conséquences éventuelles : c'est elle que le peuple assujetti voit dans le parlement colonial qu'elle arme de sa puissance ; c'est à elle que remontent les abus rendus possibles par son abdication ; c'est vers elle que convergent, en cas de fautes graves et prolongées, ces lentes mais inévitables éclosions de sentiments qui commencent par la désaffection sourde et finissent par la révolte ouverte. Dans notre hypothèse, toute erreur et toute imprudence peuvent donc entraîner de graves dépenses d'hommes et d'argent et peut-être aller jusqu'à compromettre la domination même de la puissance colonisatrice. Voilà pourquoi celle-ci ne saurait consentir au profit de l'élément immigrateur une délégation de pouvoirs qui ne lui laisserait d'autre droit que celui de chèrement réparer les fautes.

XII

Pourquoi, dans les colonies mixtes, l'omnipotence d'un parlement local est plus dangereuse que celle d'une administration.

Mais, dira-t-on peut-être, pourquoi supposer un parlement colonial plus capable qu'une administration de commettre des fautes graves dans le gouvernement des colonies mixtes? Colons et indigènes n'ont-ils pas un intérêt commun à la prospérité de la colonie? Dès lors, les mesures prises par les premiers ne profiteront-elles pas aux seconds? On affirme que, pour des raisons de grave intérêt patriotique, les indigènes doivent être traités en mineurs ; soit! mais les colons qui, vivant au milieu d'eux, se rendent parfaitement compte de leurs besoins et de leurs aspirations, ne sont-ils pas tout désignés pour remplir à leur égard le rôle de tuteurs? Les élus des Européens, outre le mandat formel reçu de leurs électeurs, se trouvent donc en outre tout naturellement investis du mandat tacite de défendre les populations assujetties.

Ces raisons malheureusement sont plus spécieuses que fondées. Sans doute une administration peut commettre des fautes, comme une assemblée coloniale élue ; mais la première reste continuellement dans la main du gouvernement métropolitain, qui peut toujours et immédiatement réfréner ses écarts, tandis que la seconde ne dépend que de ses électeurs, plus soucieux de visées particulières que de préoccupations d'ordre général.

D'autre part, s'il y a entre colons et indigènes certains intérêts communs, il existe entre eux beaucoup plus encore d'intérêts opposés et antagonistes. Enfin la tutelle suppose nécessairement chez le tuteur des sentiments de bienveillance et de dévouement à l'égard du pupille ; or l'expérience démontre que ces sentiments ne sont que très exceptionnellement ceux éprouvés par le colon à l'égard de l'indigène. C'est ce que nous allons développer.

XIII

Analyse des sentiments éprouvés tant par les métropolitains que par les colons à l'egard des indigènes. — Antagonisme de sentiments et d'intérêts entre ces deux derniers éléments. — Conclusion.

Pour le Français de la métropole, l'indigène, quel qu'il soit, est l'objet d'une sympathie instinctive prenant parfois les proportions d'un véritable engouement. Les figurants soudaniens, indo-chinois, égyptiens, polynésiens de l'exposition de 1889, les grands chefs arabes faisant escorte au Tzar constituent autant de témoignages de cet état d'esprit ; en revanche, les délibérations des assemblées élues par les Français des colonies et les articles des journaux coloniaux révèlent fréquemment à l'égard des autochtones des sentiments de dédain et d'hostilité assez mal dissimulés. De prime abord il semble étrange qu'une traversée de quelques jours ou de quelques semaines passés sur un paquebot suffise à produire de telles métamorphoses ; mais la réflexion permet de suivre la genèse et la marche de cette évolution.

Le Français métropolitain voit l'indigène à travers le prisme de la littérature : il admire en lui les qualités séduisantes dont l'a doté l'imagination de l'écrivain. Il sait gré à ce héros de roman de lui apporter dans la vie réelle, sous les plis de son accoutrement exotique, quelque chose du charme de la fiction. Avec une pointe de naïveté inconsciente, il s'étonne quelque peu de voir ces personnages légendaires s'humaniser : il éprouve quelque reconnaissance à l'égard de ce Bédouin qui, pour lui prosaïque bourgeois parisien, daigne descendre de son fier coursier, comme pour ce brave Dahoméen qui, faisant violence à ses habitudes, veut bien lui sourire, au lieu de le massacrer ! Son imagination optimiste les voit déjà, l'un et l'autre, joignant toutes les vertus de la civilisation à toutes les grâces de la sauvagerie ; pour elle, ce sont des Français et de qualité supérieure, comme étant trempés aux sources vives de la nature. Aussi s'étonne-t-il qu'on hésite à les admettre sur un pied de parfaite égalité dans la grande famille française.

Cet état d'esprit est bien également, au début, celui de l'immigrant. Mais le rapprochement de l'objectif et l'habitude de le contempler ne tardent pas à émousser d'abord, à anéantir bientôt ce charme d'exotisme. Le prisme brisé, la réalité apparaît, et, au lieu de la réalisation d'un type idéal d'humanité, on n'en trouve qu'une ébauche très imparfaite, assez vulgaire, fort prosaïque, dans laquelle les défauts ressortent d'autant mieux qu'ils s'accusent avec plus d'ingénuité. Le colon, généralement peu préparé à l'analyse morale, plus pressé d'agir que de philosopher, ne discerne pas dans cet ensemble la part de perversité réelle de celle qui est la résultante inévitable d'institutions sociales rudimentaires. Il est péniblement désenchanté et, comme tous les déçus, vaguement porté à en vouloir de sa déception à celui sur lequel il s'était plu à s'illusionner. Dès lors, les contrastes mêmes qui l'avaient le plus séduit le choquent davantage : à ses yeux, le pittoresque des costumes devient un travestissement carnavalesque ; les mœurs traditionnelle, des pratiques ridicules ; la nonchalance contemplative d'êtres aux besoins très bornés, une honteuse paresse ; l'énergie passionnelle, un crime irrémédiable. Son intolérance de libre penseur méprise la crédulité de ces primitifs obstinément attachés à leur foi, et son instinct démocratique s'indigne au spectacle de hiérarchies aristocratiques respectueusement acceptées. A la rigueur, le prolétaire indigène (au moins en théorie) trouve encore grâce à ses yeux : car le colon comprend que sa main-d'œuvre lui est nécessaire et d'ailleurs sa subordination, en le flattant, le désarme. Mais le propriétaire indépendant, le noble, le personnage religieux, en un mot tout ce qui tient à sa personnalité traditionnelle et ne se résigne pas au rôle de domestique de la race immigrante, voilà pour lui l'ennemi qu'il faut abaisser et réduire à merci. C'est que, en prenant possession de la terre nouvelle, le colon ne tarde pas à concevoir un idéal bien conforme au génie unitaire de la race française : celui de créer une nouvelle France, copie exacte de l'autre, reproduisant intégralement ses mœurs, ses lois et ses institutions ; or la coexistence de cette masse indigène réfractaire à nos idées occidentales est un insurmontable obstacle à la réalisation de cette conception. Aussi, sous prétexte que ce troupeau refuse la naturalisation française (qu'on n'affecte de lui offrir que parce que le plus souvent ses mœurs et ses préjugés religieux l'empêchent de l'accepter), le colon entend le traiter en quantité négligeable, ne tenir aucun compte des ses besoins spéciaux, affecter à ses propres desiderata l'intégralité des impôts fournis par tous, sauf à reconnaître ironiquement au vaincu le droit de se servir de ce qui n'a pas été approprié à son usage et, par conséquent, est souvent pour lui inutilisable.

En dehors de ces malentendus d'ordre théorique, existent des causes de division bien plus graves encore : des conflits d'intérêts privés ou de castes. Chez les peuples primitifs, la propriété n'offre pas en général un caractère aussi absolument exclusif que dans les pays civilisés : des usages de paccage, de vaine pâture, un certain maraudage agricole même, toléré par les mœurs, créent bien vite entre le propriétaire immigrant et ses voisins autochthones d'incessantes inimitiés, encore avivées par les sévérités nécessaires de la répression. Dès lors la race indigène en bloc est considérée comme un fléau dont il faut avoir raison à tout prix, et les moyens les plus violents, par cela même les plus impolitiques, sont ceux qui obtiennent le plus de faveur. D'autre part, par le seul fait de sa préexistence, la population autochthone occupe nécessairement les points les plus riches et les plus facilement exploitables; cette situation ne tarde pas à exciter la jalousie des nouveau venus, qui, « dans l'intérêt supérieur de la colonisation » réclament l'expropriation de tout ce qui semble bon à appréhender. Puis surgissent des chicanes sur la légitimité des droits d'usage ou de propriété collective ; des exigences de productions de titres écrits, alors que les mœurs antiques n'en comportent pas l'existence; des demandes de cantonnement, c'est-à-dire de dépossessions partielles, devant servir d'acheminement aux dépossessions totales. Telles sont les tendances nécessaires de toute population européenne immigrée, le souci de ses intérêts immédiats obscurcissant inévitablement en elle la vision des intérêts primordiaux de la métropole. Au fond, c'est toujours la politique de refoulement, substituant l'hypocrisie des moyens légaux aux brutalités de l'action militaire, mais devant entraîner exactement les mêmes inconvénients et les mêmes dangers.

Tout Parlement ne pouvant avoir d'autre politique que celle de ses électeurs, on devine sans peine quelle serait l'attitude, dans des colonies mixtes, d'un Parlement colonial composé des élus des Européens. C'est la conscience de ce péril qui a dicté la conduite de la libérale Angleterre et qui nous impose à nous-mêmes une identique solution, si, comme notre rivale, nous sommes soucieux de maintenir la paix dans nos possessions d'outre-mer, autrement dit si nous ne voulons pas avoir en elles un champ de bataille permanent toujours prêt à absorber l'or et le sang de la patrie.

Les mêmes raisons qui nous font repousser l'omnipotence d'un Parlement colonial composé exclusivement d'Européens s'appliquent également à toute combinaison hybride comportant l'admission de quelques comparses indigènes ; car ce ne serait jamais qu'un trompe l'œil ne changeant rien au fond des choses. Quant à la conception d'une assemblée délibérative composée des deux éléments de population en rapport proportionnel à leur importance réelle, colons et métropolitains seraient, avec raison, unanimes à la rejeter, puisqu'elle aboutirait à l'abdication de notre souveraineté entre les mains des vaincus

XIV.

De la représentation des colons au Parlement. — Ses graves dangers. — Exemple fourni par l'Algérie. Eclosion inévitable des mêmes abus dans toute colonie où un seul élément de population se trouve représenté. — Conclusion.

A défaut de Parlement colonial, les Français des colonies doivent-ils du moins bénéficier d'une représentation au Parlement national ? Au premier abord, rien ne paraît plus légitime. Cependant la libérale Angleterre n'a pas hésité à refuser ce droit indistinctement aussi bien aux colons de ses colonies mixtes qu'à ceux de ses colonies de peuplement. Pour ces dernières, la raison en est claire : l'existence chez elles de Parlements coloniaux omnipotents rend toute autre représentation superflue. Mais pour les premières l'exclusion peut paraître rigoureuse. Cependant nous partageons l'avis de ceux qui l'ont jugée nécessaire. C'est qu'en effet, à nos yeux comme à ceux des hommes d'Etat anglais, ce que représenteraient les députés des colons, ce serait bien moins leurs droits et leurs intérêts légitimes que cet ensemble de tendances que nous avons analysées plus haut, formées de préjugés, de malentendus, d'exagérations, d'intolérances, de rancunes et de convoitises à l'égard des races vaincues. On a considéré que les avocats d'une telle cause étaient plus propres à brouiller les questions qu'à les éclaircir ; que leur habileté pouvait tendre de dangereux pièges à des collègues peu au courant des affaires coloniales et d'ailleurs absorbés par de plus pressantes préoccupations ; que, la représentation indigène n'étant et ne pouvant être admise, le seul contradicteur possible des mandataires des colons serait le Ministre des Colonies, c'est-à-dire un homme politique sans connaissances spéciales approfondies, gouvernant de trop haut pour bien connaître le fond intime des choses, et qu'en conséquence les affaires seraient le plus souvent jugées sur audition d'une seule partie, c'est-à-dire fort mal. Et ces considérations ont paru assez graves pour faire sacrifier un des principes qui tient le plus au cœur de la race Saxonne : le droit de représentation, base du *self-government*.

L'expérience de la théorie contraire, faite par la France, ne semble pas de nature à démontrer la vanité des appréhensions anglaises. Les conflits de races ne peuvent évidemment surgir que là où les éléments en présence offrent déjà une certaine importance. Aussi n'est-ce encore ni en Indo-Chine ni au Soudan qu'il faut aller en chercher des exemples : la race française y est encore trop clairsemée pour oser concevoir des prétentions excessives. Mais parmi nos grandes colonies il en est une dans laquelle deux cent-cinquante mille Français se dressent en face de trois millions d'indigènes et qui vient de fournir, au point de vue qui nous occupe, une bien remarquable expérience : c'est l'Algérie.

La représentation des colons algériens au Parlement national remonte à 1871. Seize ans plus tard, un groupe de sénateurs et de députés métropolitains conçut et réalisa le projet de visiter nos possessions transméditerranéennes ; les constatations qu'il y fit le stupéfièrent. Dans le but de favoriser les transactions immobilières entre Européens et indigènes, on avait élaboré une loi, dont l'application avait coûté des millions. Les tribus qui avaient dû la subir étaient ruinées, sans que la colonisation sérieuse ait sensiblement profité de leur ruine ; seule une nuée de spéculateurs et d'hommes de chicane s'était enrichie de ces dépouilles. Sous prétexte de création de départements analogues à ceux de la métropole, on avait imaginé un ingénieux système de bourse commune qui livrait annuellement à la majorité française des Conseils généraux dix millions de taxes indigènes, inéluctablement affectées aux intérêts exclusifs des régions colonisées. Sous l'étiquette trompeuse de communes de droit commun, on avait constitué une foule de groupements fantaisistes dans lesquels un petit noyau de colons absorbait, pour les besoins d'une vie municipale factice, l'intégralité des côtes versées par des douars sept ou huit fois plus populeux que le centre bénéficiaire : le douar était devenu le troupeau de rente de la petite commune française. Et pendant que la reversibilité de l'impôt devenait ainsi illusoire pour les populations assujetties, leurs charges fiscales, sous des rubriques aussi nouvelles que variées, avaient à peu près doublé. Le désordre moral était à la hauteur du désordre financier. L'administration, en tant que représentante des intérêts généraux, n'existait plus ; à sa place s'étaient multipliées (ce qui est bien différent) une foule d'administrations spécialisées, indépendantes les unes des autres, poursuivant étroitement, jalousement et sans mesure leur mission particulière, sans souci de la convergence et de la logique de leur effort. De cette anarchie, s'ajoutant à tant d'autres causes de mécontentement, était né dans les masses le sentiment de l'impuissance gouvernementale et, comme conséquence, un tel accroissement d'insécurité que les colons eux-mêmes, ces apôtres alors enthousiastes du droit commun (compris, il est vrai, à leur façon), réclamaient éperdûment le retour aux pénalités sommaires des premiers temps de la conquête.

La France, effarée, rechercha les causes de cette situation et trouva que les lois et décrets générateurs de telles conséquences avaient eu pour promotrice ou inspiratrice la représentation algérienne. Elle s'étonna que le gouvernement général, au nom de l'intérêt patriotique, ne se fut pas mis à la traverse de cette action néfaste ; et elle dût reconnaître que depuis longtemps le gouvernement général n'existait plus qu'à l'état de fantôme impuissant. La représentation algérienne l'avait dépouillé de ses essentielles prérogatives, sous prétexte de les remettre entre les mains des ministres, et c'était elle, en réalité, qui, en échange de services d'ordre parlementaire, les exerçait par l'entremise des bureaux ministériels ; elle qui nommait à tous les emplois ; elle qui, dans la colonie entière, s'érigeait en puissante et redoutable dispensatrice des disgrâces et des faveurs.

Et, par une singulière ironie des choses, ce triomphe absolu de l'élément français, qui aurait dû combler tous ses désirs, avait créé en lui-même d'immenses courants de mécontentements et de colères. C'est que fatalement les convoitises se multiplient au spectacle de l'assouvissement, surtout injustifié, des convoitises d'autrui ; que cette multiplication est illimitée, alors que les moyens d'y satisfaire sont nécessairement bornés ; c'est aussi que toute grande puissance est enviable et suscite naturellement des compétiteurs. L'alliance des ambitions avec les déceptions n'avait pas tardé à former un parti antagoniste, contre lequel il fallut organiser la défense. Dans le but de nouer d'utiles solidarités avec les partis métropolitains, on leur emprunta leurs drapeaux ; mais en réalité le ciment qui unissait les factions algériennes n'était pas une communauté de principes ni de doctrines ; la lutte s'engageait sur le terrain des *intérêts privés*. C'est ce qui explique le degré extrême d'acuité qu'elle ne tarda pas à atteindre. Dans certains départements, menés par des chefs de tempérament plus spécialement combattif, on perdit bien vite toute mesure. Il n'y eut plus rien qui comptât, ni talent, ni médiocrité, ni caractère, ni indignité, peut-être même pourrait-on dire ni crime : la seule qualité appréciée fut la fidélité à l'association, l'ardeur et l'habileté à la défendre. Qui en faisait preuve pouvait tout espérer, tout obtenir, tout oser : il était sûr d'être soutenu envers et contre tous. Contre l'adversaire, en revanche, tout était permis et méritoire. La neutralité elle-même ne trouvait pas grâce et était traitée et pourchassée en ennemie. Dans cette concurrence effrénée, la plus grosse somme d'abus était nécessairement commise par celui des partis qui détenait le plus de puissance, c'est-à-dire par le parti au pouvoir. D'où réaction contre lui et adhésion au parti adverse de la foule toujours croissante des sacrifiés ainsi que des éléments indépendants encore soucieux de droiture et de justice. Mais, si les rôles eussent été intervertis, il n'est pas bien sûr, étant données les conditions foncières de la situation, que les résultats eussent été très sensiblement différents.

De cet aperçu sommaire il résulte que la représentation des colons algériens au Parlement national a eu des résultats néfastes pour tous : pour les indigènes, dont elle a poursuivi et partiellement réalisé la spoliation; pour la métropole, dont l'autorité morale sur les races assujetties à été diminué dans la mesure des iniquités commises en son nom; pour la colonisation elle-même, qu'une basse politique d'appétits a détourné des besognes fécondes pour la jeter dans des divisions stériles, source pour elle de faiblesse et de discrédit.

Peut-être soutiendra-t-on que le cas de l'Algérie est exceptionnel et par conséquent nullement concluant. Tel n'est pas notre avis. Des individualités éclairées, aux colonies comme partout, peuvent bien se laisser guider par des vues générales et désintéressées ; mais une collectivité prise en masse sera toujours dominée par ses passions et ses intérêts. Si donc vous mettez en présence deux sociétés antagonistes, l'une dotée et l'autre dénuée de droits politiques, il est inévitable que la mieux armée veuille user contre sa rivale de toute la plénitude de sa puissance ; il est inévitable que ses mandataires soient l'incarnation de ses tendances et aient recours à tous les moyens pour les faire triompher ; il est inévitable que le conflit soit l'état normal entre le représentant élu de l'élément local privilégié et le gouverneur, représentant de l'intérêt général métropolitain, puisque la raison d'être de l'un est justement l'obstacle à la réalisation des prétentions de l'autre ; enfin il est inévitable que ce conflit se termine par la suppression de la fonction, la disgrâce ou la domestication du fonctionnaire : car, sous un gouvernement tel que le nôtre, où la possession du pouvoir est toujours précaire, il est inévitable que le ministre finisse toujours par sacrifier le gouverneur, qui n'est qu'un subordonné, au député, qui peut être un membre influent d'un puissant groupe parlementaire. Pour qu'il en fût autrement, il faudrait que le gouverneur fût lui-même une puissance politique, ce qui ne peut se présenter qu'à titre tout à fait exceptionnel ; ou bien que la représentation coloniale fût elle-même en suspicion près de la majorité des Chambres, situation qui ne peut durer et doit vite s'effacer devant des préoccupations d'ordre plus prochain.

La règle générale, c'est que les questions coloniales seront réglées par le gouvernement central conformément aux désirs du député colonial, c'est-à-dire au profit d'une caste, donc au détriment des intérêts supérieurs de la métropole. Si l'on veut éviter ce grave danger, il n'est qu'un moyen, celui que l'Angleterre n'a pas craint d'adopter : refuser aux colons toute représentation au Parlement national.

XV

Des libertés départementales et communales. — Sous quelles conditions les colons peuvent en jouir. — Droit de représentation dans des conseils coloniaux. — Des libertés économiques.

Peut-on du moins leur laisser la jouissance de nos institutions départementales et communales? Nous n'y voyons pas d'inconvénients, mais à une condition expresse : c'est que le droit commun sera toujours appliqué dans l'intégralité et la sincérité de son esprit et que jamais, comme en Algérie actuellement, il ne servira de masque à d'hypocrites exploitations. Le principe fondamental de nos institutions libérales, c'est que l'élu représente exclusivement la masse électorale de laquelle il émane; qu'il n'a le droit d'imposer de charges qu'à elle seule et de ne disposer que des taxes payées par ses seuls commettants. Il en résulte que *rigoureusement*, dans les colonies, les seules régions qui pussent être constituées en départements et en communes seraient celles occupées *exclusivement* par la population immigrante. Mais, en pratique, il peut suffire. 1° que les Européens prédominent sensiblement en nombre et en intérêts ; 2° que les indigènes aient cessé généralement de vivre en groupements distincts et soient intimement mélangés à l'autre élément ; en effet, il est logique que les colons disposent des ressources régionales, s'ils en ont fourni de beaucoup la plus grande part, surtout si l'enchevêtrement des intérêts des deux races rend à peu près impossible tout sacrifice systématique de la minorité. La réunion de ces deux conditions suppose évidemment une colonisation arrivée déjà à un haut degré de prospérité. Mais il est clair que c'est alors seulement qu'elle pourra équitablement revendiquer la libre gestion de ses affaires locales, parce que c'est alors seulement qu'elle pourra les assurer avec ses propres sacrifices. Tant qu'il ne sera satisfait à ses besoins collectifs qu'au moyen des largesses de la métropole ou des prélèvements faits sur les impôts de la masse indigène, c'est à l'autorité centrale, seule représentante de la puissance dominatrice, que doit rester le droit de fixer la limite, la répartition et l'emploi de ses dons.

Est-ce à dire que, pendant une période peut-être assez longue, en tous cas indéterminée, les Français des colonies doivent être privés de tout moyen officiel de défendre leurs intérêts collectifs ?... Ce serait une faute des plus graves : car l'élément immigrant est le principal facteur de l'œuvre colonisatrice et, à ce titre, a droit, de la part des pouvoirs publics, à toute la somme de concours compatible avec l'intérêt supérieur de la Métropole. Or nul mieux que lui-même n'est capable d'exposer ses besoins et ses désirs. Si donc l'on doit refuser à ses délégués l'entrée du Parlement national, il est indispensable de leur donner la parole dans un autre milieu, où les races rivales puissent sans danger se faire entendre dans des conditions de parfaite égalité, c'est-à-dire sans que la valeur intrinsèque de leurs arguments respectifs risque d'être faussée par des marchés de couloirs, ni les intérêts généraux de la colonie d'être sacrifiés à des pointages de majorités parlementaires. Ce milieu, c'est un conseil colonial fonctionnant dans la colonie même et ouvert à l'élément indigène comme à l'élément européen. Nous étudierons, dans le prochain chapitre, le détail de la composition et des attributions de cette assemblée. Pour le moment, nous nous contenterons de poser en principe la nécessité de sa création et le droit de la colonisation d'y être largement représentée.

Comparés aux droits politiques du métropolitain, ceux du Français colonial se trouvent donc assez sensiblement restreints. Mais nous avons assez longuement motivé ces restrictions pour n'avoir pas à revenir sur les considérations qui les imposent. D'ailleurs nous ne croyons pas que cet amoindrissement des libertés politiques pèse d'un bien grand poids dans les résolutions des gens disposés à l'émigration ? Le nombre énorme d'abstentions signalées, en France même, à chaque scrutin, semble indiquer que le bulletin de vote n'est peut-être pas un besoin aussi universellement ressenti que d'aucuns se plaisent à le proclamer. Très probablement la somme de soucis et de travail qu'entraîne la vie d'émigrant accentuerait encore, dans les colonies, cette indifférence, du jour où le bulletin de vote cesserait d'y être une arme toute-puissante mise au service des intérêts privés. Au surplus, en admettant que des raisons de cet ordre retinssent dans la métropole quelques fanatiques d'agitations politiques, peut-être n'y aurait-il pas lieu de le regretter outre mesure : car ce qu'il faut surtout aux colonies, ce ne sont ni des tribuns qui agitent, ni des parleurs qui divisent, mais des hommes d'action qui fondent, transforment et fécondent.

Des économistes du siècle dernier ont affirmé, il est vrai, que la prospérité des colonies était en raison directe de leur liberté. Cette assertion ne va pas, comme on pourrait le croire, à l'encontre de nos conclusions. Jamais le siècle de la déclaration des droits de l'homme n'a pu préconiser une liberté de quelques-uns qui ne pourrait se fonder que sur la spoliation du plus grand nombre. Ce qu'il a entendu proclamer c'est l'excellence de la liberté *économique*. Ainsi entendue, son opinion est aussi la nôtre. Nous sommes d'avis, non seulement d'autoriser, mais même de favoriser dans la plus large mesure la formation de toutes associations ayant pour but de multiplier la puissance de la production, telles que chambres de commerce et sociétés d'agriculture. Leur nombre ne saurait être trop grand, leur activité trop intense, leur autorité trop reconnue : car cette activité s'exercera sur des réalités et non sur des théories, dans le champ des intérêts légitimes et non des brouillonnes convoitises. Dans les limites de leurs compétences spéciales, ces groupements constitueront pour les Gouvernements locaux des conseillers autorisés qui seront toujours consultés avec avantage. Aussi verra-t-on plus loin que nous leur réservons une place importante dans les conseils de nos colonies.

Libertés politiques restreintes compensées par des libertés économiques étendues : voilà donc pour nous, dans les colonies mixtes, (et nos principales ont toutes ce caractère), le seul régime propre à assurer la prospérité locale, tout en sauvegardant les intérêts de la Patrie Française.

XVI

De la condition civile et politique des étrangers et des métis.

Les indigènes et les colons français constituent les éléments dominants de la population coloniale ; mais ils n'en sont pas les seuls. Mélangés à leur masse coexistent les étrangers et les métis, dont il importe de déterminer aussi la condition.

Pour les étrangers, il est à peu près impossible de tracer une règle générale. On peut bien établir que tous droits politiques leur doivent être refusés, puisque logiquement les sacrifices assumés par la mère patrie doivent aboutir à la prépondérance de ses nationaux et que d'ailleurs, en fait, ce principe exclusif est partout appliqué par les Etats européens. On peut bien, en outre, poser en objectif vers lequel il faut tendre sans cesse la suppression graduelle des privilèges reconnus, dans certaines de nos possessions, aux colonies étrangères et le relâchement des liens de solidarité excessive existant entre leurs membres. Mais, à cet égard, il y a des situations acquises dont il faut tenir compte, ce qui implique la nécessité d'attendre des circonstances favorables pour agir. Quant à la condition civile et commerciale des étrangers, elle dépend des traités internationaux et, à ce titre, entraîne des réciprocités et des répercussions telles que la diplomatie seule est compétente pour aplanir les difficultés, dans chaque cas particulier.

Il n'en est pas de même des métis issus de parents soumis l'un et l'autre à la domination française et, par conséquent, ne pouvant se réclamer d'aucune autre puissance : à ceux-là il faut assigner une condition civile et politique. Resteront-ils simples sujets, comme leur ascendant indigène ? Deviendront-ils citoyens au même titre et dans la même mesure que leur ascendant français ?... ou bien enfin seront-ils placés dans une situation intermédiaire ?...

La question, suivant les colonies, se présente avec une importance très variable, la fréquence des alliances mixtes devant y être fort inégale. L'expérience nous apprend en effet que le métissage, dans la presque totalité des cas, se produit par l'union de *l'homme* européen avec la *femme* indigène et non par la combinaison inverse. Ce fait provient-il d'une délicatesse plus grande d'où résulterait, chez la femme, une répugnance plus vive à s'abaisser au niveau de la race réputée inférieure ?

A-t-il pour cause la bassesse de la condition féminine chez les peuples primitifs, qui entraînerait pour la Française une déchéance plus accentuée ? Enfin est-il simplement le résultat de l'insuffisance relative du nombre des femmes européennes dans les pays nouveaux ? Quoi qu'il en soit, c'est un fait matériel qu'il suffit de constater. Il en résulte que la proportion des unions mixtes est toujours en raison directe de la liberté et de la facilité que les mœurs laissent aux femmes autochthones dans chaque colonie. Dans les pays musulmans, où la femme est séquestrée, les deux races peuvent rester indéfiniment juxtaposées, sans croisements appréciables. Au contraire, au Soudan, en Indo-Chine, à Madagascar surtout, le mélange devra se produire avec rapidité.

Cette fusion des sangs doit-elle être considérée comme un bien ou comme un mal ? C'est un problème difficile à résoudre ! Les partisans de l'assimilation n'hésiteront pas à s'en féliciter comme d'un acheminement vers la réalisation de leur idéal. Mais l'observation des faits impose un optimisme moins absolu. Dans les colonies espagnoles (celles de toutes où les races se sont le plus intimement mêlées), au Mexique, au Pérou, à Cuba, partout et toujours l'histoire nous montre dans les métis les ennemis les plus acharnés et les plus dangereux de la puissance métropolitaine. Sans doute cette haine est en partie le fruit de la mauvaise administration de l'Espagne, pour qui coloniser a toujours été synonyme d'exploiter sans mesure ; sans doute des siècles d'esclavage avaient creusé un infranchissable fossé de rancunes et de dédains entre les descendants de la négresse et ceux de la créole. Une politique faite d'équité et de sincère bienveillance doit engendrer d'autres sentiments. Toutefois la différence de couleur des visages, quelque sotte qu'on la puisse trouver, n'en reste pas moins la plus tranchée de toutes, et il est de ces froissements *individuels* quotidiens qui, malgré toute la sagesse d'un gouvernement, inoculent de profondes haines de castes, quand, au lieu de glisser sur l'épiderme endurci de l'indigène pur, ils aiguillonnent l'âme européenne frémissante sous la peau bistrée du métis.

Quoi qu'il en soit et de quelque façon qu'on envisage le mélange des races, il est impossible de l'empêcher de se produire. Il serait puéril de chercher à y mettre obstacle par des lois ; mieux vaut en régulariser les conséquences.

Au point de vue civil, la difficulté ne semble pas très grande. Il s'agit de dévolutions d'intérêts privés, dans lesquels l'Etat n'est que très indirectement en jeu. Elles peuvent donc être réglées conformément aux principes de notre droit commun, c'est-à-dire :

Que le métis né d'un légitime mariage suivrait la condition civile de son père ; car il est logique que le chef de l'association conjugale règle les intérêts de ses enfants conformément au seul droit qu'il connaisse ;

Que le métis enfant naturel suivrait la condition civile de sa mère ; car une situation juridique ne saurait s'appuyer que sur une situation juridique préexistante ;

Enfin que le métis adultérin suivrait la condition civile du mari de sa mère, en vertu de la présomption : « *Pater is est...* »

D'ailleurs c'est surtout en pareille matière qu'il convient de laisser à chaque colonie la faculté d'adopter, suivant l'état des esprits, des règles plus ou moins libérales, les intérêts supérieurs de la métropole n'étant pas engagés dans la question.

Mais ce qui importe davantage, c'est de déterminer la condition politique du métis.

Tout d'abord, à nos yeux, il ne peut être question, à cet égard, que du métis auquel la jouissance du droit civil français aura été attribuée. Ce n'est pas, comme on l'a parfois prétendu, qu'il y ait incompatibilité essentielle entre l'exercice de prérogatives d'ordre politique et la soumission à une condition civile autre que la nôtre : ce sont deux ordres d'idées différents, mais nullement incompatibles, l'un visant les rapports privés des particuliers entre eux et l'autre constituant des garanties à l'égard de la puissance publique. Mais multiplier les catégories de citoyens serait une complication grosse d'inconvénients, dont le moindre serait la difficulté de faire admettre leur légitimité par les catégories rivales ; en outre, illogique, dangereuse serait la reconnaissance d'un droit de souveraineté à des éléments que rien, au point de vue civil, ne différencierait des indigènes purs, alors que nous avons reconnu l'impossibilité d'en doter ces derniers.

La seule question qui logiquement se pose est donc celle de savoir si la soumission d'un métis à notre droit civil doit entraîner à son profit l'attribution des droits électoraux reconnus aux colons d'origine française.

Remarquons que l'identité des conditions civiles n'entraîne pas plus *nécessairement* l'identité des conditions politiques que la diversité des conditions civiles n'y fait *nécessairement* obstacle. Chez les peuples de l'antiquité, le droit de cité se décomposait en plusieurs parties distinctes, s'attribuant séparément et successivement; les droits politiques, qui en étaient le couronnement, étaient considérés comme une récompense précieuse, pendant longtemps réservée aux services de premier ordre. En France même, la loi refuse les droits politiques à de nombreuses catégories de personnes jouissant de l'intégralité des droits civils : tantôt c'est à raison de la faiblesse de l'âge, du sexe ou de l'intelligence (mineurs, femmes, interdits) ; tantôt c'est à cause d'indignités (faillis, condamnés) ; tantôt même c'est en vertu de pures raisons d'intérêt public (soldats et marins sous les drapeaux). La même privation peut donc légitimement s'appliquer aux métis, même admis à l'exercice des droits civils, si un grave intérêt national l'exige.

Pour nous, cet intérêt existe incontestablement. Dans les colonies où les mœurs favorisent le mélange des races, il est à prévoir que le nombre des métis s'accroîtra rapidement, au point de bientôt dépasser de beaucoup les éléments de pur sang français. La principale prérogative politique que nous ayons reconnue à ces derniers est le droit d'envoyer des mandataires élus au Conseil colonial : il est de la plus haute importance que ce droit ne devienne jamais illusoire. Or ce résultat se produirait inévitablement si l'on accordait aux hommes de sang mêlé les mêmes droits politiques qu'à nos nationaux, puisque ces derniers se trouveraient bientôt noyés dans la masse d'un élément plus éloigné de l'Européen que de l'indigène pur par les traditions, les idées et les sentiments.

De ce que nous repoussons l'assimilation politique *en tant que mesure générale*, il ne s'ensuit pas que nous entendions creuser un fossé infranchissable entre la race blanche et la race croisée. Au contraire, nous croyons à la nécessité d'un pont jeté entre elles. Ce pont sera la naturalisation *individuelle*, c'est-à-dire l'attribution à des unités isolées de la plénitude des droits de citoyen. Nous la voulons large et facile pour tous les métis ayant fait preuve d'intelligence et de valeur exceptionnelles en même temps que de sympathie pour notre cause. Mais il faut que leur admission dans les rangs de la race privilégiée soit présentée comme un honneur et une récompense : ce n'est qu'à cette condition qu'elle sera hautement appréciée des bénéficiaires et deviendra un puissant encouragement pour les autres. En nous assimilant l'élite de la caste intermédiaire entre l'indigène pur et nous, nous ne courons aucun risque, puisqu'il dépendra toujours du gouvernement de ne l'infuser qu'en proportion inoffensive ; au contraire, nous y trouverons l'immense profit de décapiter sans cesse les organisations hostiles qui tendraient à se constituer dans les masses assujetties.

Il nous paraît désirable que la naturalisation politique soit *d'abord* purement *personnelle*, c'est-à-dire ne s'étende pas *de plein droit* aux descendants du naturalisé. Par cela même en effet que nous voulons en faire une récompense, il importe qu'elle soit gagnée par un effort *personnel*.

Sans doute, en fait, la situation déjà obtenue par le père pourra être prise en considération en faveur du fils ; mais, pour être sûr que ce dernier en sent toute la valeur, il faut exiger qu'il prouve, en la sollicitant, le prix qu'il y attache. D'ailleurs le rapprochement de sanguinité et, par conséquent, de tendances qui justifie, au profit du métis, un traitement privilégié, n'est nullement fixé de façon irrévocable : des alliances postérieures successives avec la race autochthone peuvent produire des régressions telles que l'empreinte française s'en trouve complètement effacée. Il est bon de mettre obstacle à ce travail rétrograde, en faisant de la naturalisation politique une prime plus particulièrement offerte à ceux dans les veines desquels la proportion de sang européen deviendra de plus en plus forte. C'est seulement quand plusieurs générations successives auront traversé ces épreuves qu'une famille métisse pourra, sans inconvénients, être définitivement déclarée française au même titre que les familles immigrées de sang absolument pur. Ainsi seulement nous maintiendrons le prestige du titre de citoyen et pourrons en faire un moyen de gouvernement. La condition essentielle pour qu'une chose reste hautement appréciée, c'est que son détenteur ne l'avilisse pas, en la prodiguant.

Dans notre système d'organisation, la population métisse comprend donc trois éléments juridiquement bien distincts :

1° Les métis assimilés aux indigènes purs et régis par le droit traditionnel du pays ;

2° Une deuxième catégorie de métis soumis au droit civil français, mais privés de droits politiques ;

3° Enfin des métis individuellement privilégiés, jouissant des mêmes droits civils et politiques que les colons français de sang pur.

Les développements auxquels nous venons de nous livrer dans cette deuxième partie de notre travail doivent suffire à faire comprendre comment nous voudrions voir résolues les deux grandes questions qui y sont posées, c'est-à-dire l'introduction d'une colonisation viable et le régime civil et politique qu'il convient de lui assigner.

Si l'on nous reproche la complication de nos conceptions, nous répondrons qu'elle dérive de la complexité de la situation elle-même ; à nos yeux, ce serait s'illusionner dangereusement que de voir une simplification dans la réunion sous une arbitraire communauté d'étiquettes de choses foncièrement dissemblables. Si, d'autre part, l'on incrimine le peu de libéralisme de nos tendances, nous répéterons qu'elles nous semblent imposées par l'intérêt supérieur de la métropole, qui, en l'état d'antagonisme forcé où vont se trouver les castes en présence, ne peut, sans danger des plus graves, abdiquer ou déléguer sa souveraineté. Elle doit l'exercer elle-même. Sous quelle forme?... C'est ce que nous allons étudier dans la troisième partie.

TROISIÈME PARTIE

Administration intérieure des colonies. Organisation. — Attributions. — Contrôle.

I

Du rôle de l'administration coloniale. Ce qu'elle doit être.

S'il est vrai, comme nous croyons l'avoir démontré, que la politique intérieure de nos colonies ne puisse être abandonnée ni aux représentants des populations indigènes, ni aux mandaires élus des colons, ni à une assemblée composée des uns et des autres (une des deux castes devant y devenir forcément dominante et par conséquent oppressive) ; la conséquence nécessaire c'est que le dernier mot, le droit de décision définitive, doit rester à la puissance métropolitaine. Nous examinerons plus loin si les colonies doivent être soumises au régime des lois ou à celui des décrets, en d'autres termes si, à leur égard, l'autorité réglementaire doit être exercée par le pouvoir législatif ou par le pouvoir exécutif. Quelle que soit la solution adoptée, la représentante *locale* de l'autorité souveraine ne peut être que l'administration coloniale ; il importe donc de définir soigneusement son rôle.

Dans le terme d'administration coloniale, nous n'entendons pas comprendre *ici* les branches multiples des services publics à attributions *techniques et spécialisées*, mais seulement cette catégorie de fonctionnaires qui, sous les noms de contrôleurs, administrateurs coloniaux, résidents, résidents généraux, gouverneurs, incarnent dans sa généralité la politique gouvernementale.

Le rôle de l'administration coloniale ainsi défini offre une importance considérable qui en fait une institution différant radicalement de toutes celles que renferme la métropole.

Emanation d'un ministère issu lui-même d'une majorité parlementaire, l'administration métropolitaine est avant tout la représentante d'un des partis au milieu desquels elle fonctionne ; c'est à la satisfaction et au triomphe de ce parti que doivent tendre tous ses efforts ; dans la limite assignée par le ministère son chef, elle doit se faire son auxiliaire constante et dévouée ; elle est la puissance publique mise au service, en théorie, d'un programme politique, mais, en fait, surtout des influences locales qui l'arborent. Il en résulte pour elle un rôle assez mal défini, fluctuant comme les opinions, les intérêts et les passions qu'elle a mission de suivre et, en somme, malgré broderies et panaches, beaucoup plus subordonné que dirigeant. Pour le remplir convenablement, point n'est besoin d'études spéciales approfondies ; il suffit, avec la somme de connaissances générales que l'instruction secondaire dispense à toute la bourgeoisie française, d'une certaine souplesse d'intelligence et de caractère.

L'administration coloniale, au contraire, ne saurait être ni l'alliée ni a plus forte raison la servante d'aucune des opinions qui divisent les colonies : car elle ne procède d'aucune d'elles, mais directement du gouvernement central. Or celui-ci, par cela seul qu'il entend garder sur ses possessions une sorte de droit régalien justifié par les efforts et les sacrifices de la conquête, logiquement doit attribuer à l'organisme délégataire qui seul le représente une autorité prépondérante. Cette prépondérance, alors même qu'elle ne résulterait pas de la logique de la situation, serait imposée par la force des choses : par la nécessité de maintenir l'équilibre entre des castes profondément tranchées et forcément antagonistes, par celle d'assurer constamment la prédominance des intérêts supérieurs de la patrie française sur les tendances abusivement particularistes qui viendraient à s'accuser. Le rôle de l'administration coloniale, loin d'être comme celui de l'administration métropolitaine un rôle d'effacement et de subordination, est donc au contraire essentiellement un rôle de haute direction et de sage résistance.

L'analyse que nous allons faire de ses attributions essentielles montrera que ses difficultés ne sont pas moindres que son importance.

La partie la plus apparente du rôle incombant à l'administration coloniale est évidemment d'ordre politique, puisque avant tout elle personnifie l'autorité souveraine de la métropole vis-à-vis tant des barbares indigènes que des immigrants civilisés. Mais, bien qu'agissant dans les deux cas en vertu du même principe de haute prédominance, son attitude, autrement dit ces procédés d'action, ne sauraient être identiques envers des éléments aussi dissemblables.

Vis-à-vis des indigènes, séculairement assujettis au régime despotique, incapables pendant longtemps encore d'en comprendre un autre, le seul qui convienne est le régime du pur commandement. Pour eux l'administration doit être le *bon tyran?* Elle aura ce caractère, si elle se préoccupe de la satisfaction de leurs intérêts matériels et surtout si, comme nous l'avons dit déjà, elle se montre sincèrement respectueuse des institutions, coutumes et croyances locales qui ne sont pas foncièrement inconciliables avec les intérêts vitaux de la puissance métropolitaine. Or cette œuvre, toute de tact et de mesure, nécessite chez les fonctionnaires coloniaux toute une série de connaissances spéciales, parmi lesquelles figure au premier rang celle des *langues*, des *mœurs*, des *législations* et des *religions*. Et à cet égard des notions superficielles seraient de beaucoup insuffisantes, attendu qu'en pareille matière toute erreur est dangereuse et qu'il est souvent plus grave de froisser un préjugé qu'un intérêt. Il s'agit de pénétrer dans le fond obscur d'âmes absolument différentes des nôtres : car ce n'est qu'en les comprenant bien que nous agirons efficacement sur elles. Il faut surtout nous libérer de nos préjugés de civilisés, et nous bien pénétrer de cette vérité : qu'il n'est point en matières exotiques de chose si choquante à nos yeux qui ne s'explique et souvent ne se justifie comme étant la conséquence logique et nécessaire de mœurs et de croyances antiques. Il s'ensuit que, chez les fonctionnaires coloniaux, les connaissances ethnographiques spéciales doivent être poussées jusqu'à la pénétration de l'*intime esprit des lois et des institutions barbares.*

Vis-à-vis de la population immigrée s'imposent des ménagements d'un autre ordre. Les colons ne sont ni des vaincus ni des incapables ; ce sont des compatriotes ayant droit à une entière bienveillance et dont, seules, les nécessités de la situation obligent à limiter les droits. Il en résulte qu'à leur égard l'application du principe autoritaire, en fait, ne doit pas outrepasser les limites de ces nécessités. La règle générale, c'est que, pour eux, l'administration coloniale doit rester un guide et non devenir un maître ; elle a le devoir de discuter avec eux ses décisions, d'écouter et de provoquer leur avis et d'en tenir le plus grand compte, en un mot, de leur donner, autant que possible, l'illusion d'une souveraineté véritable, dans toutes les questions où les *intérêts européens se trouvent seuls engagés.* Dans deux cas seulement l'intervention autoritaire se justifie et s'impose : s'il devient nécessaire soit d'empêcher l'oppression ou l'exploitation des races indigènes, soit de sauvegarder les grands intérêts politiques ou économiques de la métropole.

Le rôle économique de l'administration coloniale n'est pas moins considérable que son rôle politique ;

mais ici encore il doit être envisagé à un point de vue très différent de celui qui préoccupe surtout l'opinion française. Chez nous, ce qui passionne les partis politiques, c'est principalement le problème de la répartition des richesses; dans les colonies, ce qui s'impose avant tout, c'est le problème de leur création. Nous avons déjà esquissé plus haut la mission de l'administration coloniale en tant que prospectrice et indicatrice des richesses latentes destinées à constituer la prime de la colonisation. Découvrir et apprécier l'existence et la valeur de mines, de forêts, de terres arables n'est pas œuvre de fonctionnaires quelconques : elle suppose déjà un ensemble considérable de connaissances sérieuses *en géologie*, *en botanique* et *en agronomie*. Or elle ne constitue qu'une partie de la tâche économique de l'administration coloniale : à celle-ci incombe encore, la colonisation une fois implantée par ses soins, le grave souci de la guider dans sa marche et notamment de tourner, autant que possible, son activité vers des productions *différentes* de celles de la métropole, non susceptibles d'engendrer dans l'avenir de dangereux conflits d'intérêts. Cette direction délicate, toute de persuation, ne peut être acceptée que de la part d'hommes *profondément versés dans toutes les questions d'échanges et de trafics*, capables de démontrer par des chiffres les avantages ou les dangers des multiples entreprises susceptibles de séduire les initiatives.

La sauvegarde de la paix et de la sécurité publiques constitue encore une des tâches essentielles de l'administration coloniale, et ce serait une grave erreur de croire que ce rôle de haute police puisse être rempli conformément aux errements en usage dans la vieille Europe. Les peuples primitifs ne comprennent et n'estiment une autorité qu'en raison du degré de *force matérielle* qu'elle détient *personnellement ;* il faut qu'elle se présente à eux entourée de l'appareil de la puissance et surtout qu'elle n'en soit pas réduite, pour faire exécuter ces décisions, à solliciter le concours d'un organisme étranger. L'administration coloniale doit donc avoir sous ses ordres *directs des forces sérieuses, recrutées et organisées par elle* et analogues à ce qui existe et surtout ce qui existait autrefois en Algérie sous les noms de déiras, Khialas, Mokhasnis, goums et milices indigènes. Ces auxiliaires seuls lui permettront, non seulement de prévenir et de réprimer les attentats isolés, mais même d'étouffer dans l'œuf les embryons d'effervescences locales, qui dégénèrent si facilement en révoltes. Ces heureux résultats ne peuvent être obtenus que par une action d'une rapidité foudroyante, inconciliable avec les lenteurs, la mollesse, le mauvais vouloir instinctif ou réfléchi d'un service étranger accidentellement requis, qui peut avoir un intérêt personnel aux échecs de l'autorité requérante. Il s'ensuit que l'administration coloniale, aux conditions ci-dessus indiquées, doit encore joindre une certaine dose d'esprit, de connaissances et de qualités militaires.

Enfin il reste à l'administration coloniale une dernière mission à remplir: celle d'étudier, de préparer et de soumettre à la sanction des pouvoirs publics la législation intérieure applicable à chaque colonie. Si l'on songe qu'il ne saurait s'agir ici d'une conception arbitraire violemment imposée, qu'il est indispensable d'y doser savamment le respect des traditions indigènes et le souci du progrès, d'y concilier les intérêts et les préjugés des autochtones avec ceux des immigrants et de la métropole, d'y démêler avec soin les règles pouvant s'appliquer à tous indistinctement de celles ne convenant qu'à l'un des éléments de la population ; on comprendra que, de toutes, cette tâche est peut-être la plus délicate et la plus ardue. Elle ne saurait être remplie par la représentation élue des colonies au parlement national, puisque nous avons conclu à la nécessité de sa suppression. Les conseils locaux, par l'expression de leurs vœux, y pourront bien concourir dans une certaine mesure ; mais entre leurs conclusions forcément exagérées et contradictoires comme les passions des éléments antagonistes dont se composeront ces assemblées, force sera de faire un choix et de mettre de la mesure. Cette œuvre de judicieuse critique et d'impartial arbitrage, il n'y a que l'administration coloniale qui soit en situation de s'en acquitter. Elle seule peut être chargée de la préparation des projets que le pouvoir central aura à soumettre à la puissance souveraine : il en résulte que l'administration coloniale doit aussi être douée de cet ensemble de dons plus rares qu'on ne pense, qui constituent la faculté législatrice.

Science de linguiste et d'ethnographe, notions étendues sur l'art de l'ingénieur et de l'agronome, profonde expérience des questions économiques, hauteur de vues du philosophe soutenue par le sens pratique du politique et de l'administrateur, finesse diplomatique appuyée sur une énergie toute militaire : voilà donc l'ensemble de connaissances acquises et d'aptitudes natives que doit réunir toute administration coloniale digne de sa mission. Si nous ajoutons qu'à ces qualités de l'esprit et du tempérament elle doit joindre la dignité du caractère, on comprendra qu'un personnel d'élite est seul capable d'une pareille tâche ; et ce n'est en effet qu'à une élite (et à une élite convenablement préparée) que nous entendons la confier.

II

Ce qu'est actuellement l'administration coloniale. — Civile. — Militaire. — Leur égale insuffisance.

L'administration coloniale que nous venons de définir est *celle qui devrait être ;* il nous faut maintenant étudier celle qui est et rechercher dans quelle mesure la seconde se rapproche ou s'éloigne de la première.

Les gouvernements de nos colonies affectent deux formes différentes, ayant l'une et l'autre leurs apologistes et leurs détracteurs : la forme civile et la forme militaire. C'est donc une double étude qu'il nous faut entreprendre.

Le premier fait qui s'impose à quiconque aborde l'analyse de notre administration coloniale civile, c'est le défaut de toute préparation préalable chez le personnel qui la compose. Il existe bien, paraît-il, quelque part à Paris, un établissement portant le nom d'Ecole coloniale ; mais, comme le grand public ignore jusqu'à son existence, que son but réel et ses programmes ne sont connus de personne (sauf peut-être de son directeur), comme d'ailleurs les diplômes qu'elle délivre ne confèrent ni privilèges, ni avantages aux candidats qui les ont mérités, il en résulte que ces élèves ne figurent qu'en proportion infinitésimale dans les cadres administratifs. Ceux-ci en revanche sont remplis des éléments les plus divers : on y trouve des officiers démissionnaires des armées de terre ou de mer, des explorateurs avides d'aventures, des littérateurs en quête d'exotisme, des avocats en rupture de barreau, des journalistes fatigués des aléas de l'existence d'écrivains, quelques sous-officiers bénéficiaires de relations influentes, sans compter les hommes politiques dont il a fallu récompenser les services ou éliminer la concurrence. Dans un personnel ainsi recruté, la valeur individuelle est nécessairement fort inégale ; le niveau moyen d'instruction générale est toutefois plus élevé qu'on ne serait tenté de le croire ; mais ce qui manque toujours, c'est d'abord l'instruction professionnelle et ensuite l'unité de vues sur le but à poursuivre. Bien minime est le nombre de ceux qui, en débutant, apportent quelques vagues connaissances des langues et des mœurs indigènes ; c'est par l'usage, c'est-à-dire aux dépens de l'administré que leur expérience doit être acquise. Il faut reconnaître qu'avec le temps la moyenne finit par en accumuler une dose suffisante pour exercer une administration supportable par des peuples habitués, au temps de leur prétendue indépendance, à un joug beaucoup plus lourd. Quelques uns, les mieux doués et les plus laborieux, finissent même par s'élever complètement à la hauteur de leur rôle et obtiennent alors sur les populations une influence personnelle considérable. Mais ces cas sont malheureusement exceptionnels, le travail et le dévouement n'étant pas toujours suffisamment encouragés et comptant trop souvent, pour l'avancement, beaucoup moins que les influences parlementaires.

Si les aptitudes finissent par à peu près s'acquérir, l'unité de politique ne s'obtient jamais. Suivant leurs origines diverses, leur tournure d'esprit individuelle, leur tempérament, les membres de l'administration civile poursuivent des buts en contradiction les uns avec les autres : les uns, autonomes et autoritaires, poussent quelquefois l'exagération de leurs principes jusqu'à confondre la violence avec la fermeté et à modeler l'administration d'une province sur le commandement d'une brigade ; les autres, assimilateurs convaincus, agissant comme si leur rêve était déjà réalisé, laissent s'amoindrir en leur personne le prestige si indispensable à l'autorité dans un tel milieu ; d'autres enfin (et ce sont les plus nombreux), dédaigneux de toute théorie, oscillent systématiquement entre la rigueur et la faiblesse suivant les fluctuations de l'opinion dans les milieux parlementaires et gouvernementaux.

Peut-être s'étonnera-t-on de ce qu'une nécessité aussi élémentaire que l'unité de vues et de méthode ne soit pas imposée par les gouverneurs des colonies à leur subordonnés ? Les raisons en sont multiples. D'abord, dans la plupart des cas, ces gouverneurs sont des hommes politiques, qui ont fait leurs preuves de valeur exceptionnelle, mais sur des matières tout autres que les questions coloniales. Ce n'est qu'une fois investis de leurs fonctions qu'ils peuvent songer à se former une opinion sur ces sujets spéciaux et trop souvent il arrive qu'ils sont déplacés avant d'avoir pu y réussir ; quant aux privilégiés qui ont eu le temps de se former un avis personnel sur la ligne de conduite la meilleure, le souci de leur situation les empêche de s'y engager avec résolution et vigueur : car, à la première tentative, ils s'aperçoivent que toute action nette soulèvera toujours contre eux de dangereuses tempêtes, tant que l'entente sur les principes d'une politique coloniale n'aura pas remplacé, dans les sphères supérieures, l'incohérence qui actuellement y règne en maîtresse.

A ces défauts intrinsèques l'administration civile en ajoute un autre, imputable aux préjugés de l'opinion métropolitaine. Avec la tournure simpliste de son esprit, la France ne conçoit que deux formes d'administrations : 1° une administration d'exception, essentiellement temporaire (au moins en théorie), puissamment armée, dont l'administration militaire est pour elle le type et l'incarnation ; et 2° une administration civile de *droit commun*, c'est-à-dire identique à celle qui fonctionne dans les arrondissements de Compiègne ou de Carpentras. Cette erreur est déplorable ! L'administration civile des colonies doit bien être une administration de droit commun, c'est-à-dire à principes fixes et à procédés réguliers ; mais ce droit commun doit être un *droit commun spécial*, adapté aux mœurs et au milieu, absolument différent de celui qui est applicable aux départements français. Si la France veut faire administrer ses colonies *avec sûreté et économie*, il est indispensable qu'elle supplée au nombre de ses agents, non seulement en exigeant d'eux une valeur personnelle plus grande, mais encore en leur confiant des moyens d'action plus puissants.

Ces différentes causes font de l'administration coloniale civile, malgré la valeur très réelle d'une partie des éléments qui la composent, une institution assez médiocre, sans homogénéité ni unité d'action et dont les principaux défauts sont fatalement la faiblesse et l'incohérence.

L'administration coloniale militaire présente-t-elle une valeur plus grande ?... Il faut d'abord reconnaître qu'au point de vue de la préparation à des fonctions administratives de ce genre les écoles de Saint-Cyr, de Saumur ou Polytechnique n'offrent pas de supériorité bien appréciable sur les Facultés de droit ou de lettres, d'où sort généralement le personnel du régime rival. Peut-être même serions-nous tenté de les considérer comme inférieures à ces dernières, un enseignement juridique ou littéraire, par conséquent philosophique, devant mieux développer les facultés d'assimilation qu'un enseignement purement technique et spécialisé. En somme, on peut admettre que militaires et civils abordent les fonctions administratives dans un état de préparation également défectueux.

Les premiers s'assimilent-ils du moins plus rapidement ou plus complètement les connaissances nécessaires qui, au début, leur font défaut ? Il est permis d'en douter, si l'on considère qu'en Algérie, où pendant quarante ans elle est restée omnipotente, l'administration militaire n'a su (nous ne dirons pas réaliser) mais même sérieusement entamer ni la conquête morale, ni la conquête économique, et si l'on remarque que, de nos jours encore, un corps spécial d'interprètes continue à être pour les bureaux arabes un auxiliaire réputé indispensable. Il est juste de reconnaître que, pour les militaires, les fonctions administratives ne constituent qu'un incident de leur carrière, puisqu'ils doivent les quitter pour s'élever aux grades supérieurs. Il est donc naturel que les officiers d'avenir, quand par hasard ils s'aventurent de ce côté, n'apportent à ces occupations transitoires qu'un intérêt secondaire. Aussi (à part quelques spécialistes bien connus, tels que les Rine, les Reybel, les Didier et quelques autres dont la haute valeur est appréciée de tous), l'opinion de l'armée elle-même est que ceux-là seulement « s'embusquent », suivant le terme consacré, dans les affaires indigènes qui, à défaut de chances ambitieuses, se résignent aux charmes d'une vie relativement large et indépendante.

L'administration militaire est loin cependant d'être sans valeur. Son mérite principal ne consiste pas, comme on l'a souvent prétendu, dans une aptitude plus grande à assurer la sécurité : (les résultats incontestablement supérieurs obtenus par elle à cet égard sont dus non à ses qualités intrinsèques, mais uniquement à la supériorité des pouvoirs qu'on lui confère, et l'administration civile remplira non moins bien la même tâche, du jour où l'on se décidera à l'armer des moyens d'actions indispensables). Il réside tout entier dans l'homogénéité de sa composition et dans l'unité de ses doctrines. Peut être ce mot de « doctrines » est-il un peu ambitieux : car il se pourrait que l'administration militaire se laissât guider, moins par des théories, que par la logique de son tempérament, nécessairement autoritaire. Quoi qu'il en soit, il n'y a entre ses membres aucune divergence d'opinions quant à l'excellence d'un régime colonial franchement autonome, où l'autorité reste toujours incontestée, non plus que quant au choix des méthodes d'application de ce régime. Cette unanimité confère au système une force incontestable, qui le fait accepter d'autant plus facilement des primitifs que ses procédés sont simples, rapides et en rapport avec leurs mœurs patriarcales et que sa défiance des innovations concorde admirablement avec leurs goûts d'immobilité sociale.

Quelque exagération que l'on puisse trouver à de telles tendances, elles ne sont pas sans présenter quelques bons côtés, tant qu'elles ne sont appliquées qu'aux seuls indigènes. Mais les colonies doivent comprendre, en outre, une immigration européenne, qui, elle, exige tout autre chose. Envahissante et raisonneuse, elle ne saurait s'accommoder de *statu quo* ni d'obéissance passive, pas plus que la régularité ni la discipline militaires ne peuvent tolérer ses initiatives souvent désordonnées ni ses indépendances de langages et d'allures. Entre ces deux éléments il y a antipathie constitutionnelle, qui rend impossible leur coexistence : l'histoire à cet égard confirme partout les prévisions de la théorie et il faut opter entre des colonies sans colons et des colonies militairement administrées.

L'administration militaire présente encore, s'il se peut, un vice plus grave : celui de n'être pas intéressée à la pacification définitive. L'administration civile, du jour où éclate une agitation trop considérable pour qu'elle puisse l'étouffer par ses propres moyens d'action, doit s'effacer devant l'autorité militaire. Ce seul fait, constituant pour la première un aveu d'impuissance, amoindrit son prestige, fait suspecter sa valeur et peut aller jusqu'à remettre en question son existence même. De telles raisons sont plus que suffisantes pour qu'elle n'épargne aucun effort en vue de ne pas laisser naître une situation pour elle aussi dangereuse qu'humiliante. Au contraire, plus les désordes augmentent, plus la raison d'être de l'administration militaire s'accentue et plus, par conséquent, son existence et son influence près du pouvoir central s'en trouvent consolidées. Il est donc naturel qu'elle ne se hâte pas de favoriser l'avènement d'une ère de complète tranquillité propre à faire ressortir son inutilité et, par conséquent, à avancer l'heure de sa déchéance ; le calcul contraire est beaucoup plus humain. Or, tant que leur pacification n'est pas complète, les colonies ne peuvent que rester indéfiniment pour la métropole des charges sans compensations.

Notre conclusion, c'est que l'administration militaire, non seulement n'est pas plus que l'administration civile actuelle à la hauteur de sa mission, mais encore qu'elle renferme en elle des défectuosités beaucoup plus graves en ce sens qu'elles tiennent à l'intimité même de son essence.

III

Nécessité de créer une administration coloniale civile adæquate à son objet. — Voies et moyens : fondation d'une école d'administration coloniale : modes d'admission et programmes; garanties, prérogatives et débouchés à assurer à ses diplômés.

De ce qui précède il ressort, d'une part, qu'une administration à la hauteur de sa tâche est le pivot fondamental de toute sérieuse politique coloniale et la consition *sine quâ non* de sa réussite ; d'autre part, qu'il n'en existe chez nous que des contrefaçons fort insuffisantes, parmi lesquelles la forme militaire est la plus essentiellement défectueuse. La conclusion logique, c'est qu'il nous faut créer l'organisme essentiel qui nous fait défaut et qu'il ne saurait être que civil. L'objectif n'est pas inaccessible, puisqu'il a été atteint par d'autres peuples, notamment par l'Angleterre. Aussi, au cours des propositions que nous allons émettre, ne ferons nous guère que suivre dans ses grandes lignes la conception que la Grande Nation colonisatrice a su réaliser.

Parmi les connaissances variées dont nous avons déclaré la possession indispensable au personnel de l'administration coloniale, il en est qui ne sont encore enseignées nulle part : telles sont les langues et dialectes, mœurs, institutions et religions de la plupart des peuples soumis à notre hégémonie. Quant à celles qui figurent déjà dans les programmes officiels, leur enseignement se trouvent disséminé dans la plupart de nos grandes écoles publiques : Écoles des mines, forestière, de Grignon, école supérieure du commerce, école de St-Cyr, etc... Il serait absurde d'exiger de nos futurs fonctionnaires coloniaux de consacrer quinze ans de leur existence à les parcourir toutes, et d'ailleurs un tel tour de force ne leur serait d'aucune réelle utilité. Ce qu'il leur faut acquérir, en effet, ce n'est pas une série de sciences poussées, comme doit le faire une école spéciale, à leur dernier degré d'intensité, mais un ensemble de généralités suffisantes pour faire d'eux l'homme moderne complet, possédant sur chaque sujet assez de lumières pour s'assimiler et résoudre toute question, au fur et à mesure des occurrences. L'enseignement qui leur convient est donc de nature plutôt extensive, tout différent par conséquent de celui donné partout dans nos écoles supérieurieures, en un mot absolument *spécial*, comme le rôle du personnel qu'il est appelé à former : ce n'est donc que dans une *école spéciale* qu'il peut être donné. Conclusion : *fonder* tout d'abord une *école d'administration coloniale* et la fonder sur des bases *aussi sérieuses* que nos autres écoles spéciales actuellement existantes.

Les fonctionnaires coloniaux, en même temps que des hommes de science devant être surtout des hommes de commandement, il est indispensable qu'ils soient profondément imbus de l'esprit de discipline : l'école d'administration coloniale ne saurait donc être, à notre avis, qu'un *internat.* Nous le voudrions installé assez loin de Paris et de toute grande ville : car il s'agit d'y former des hommes destinés à passer une grande partie de l'existence dans les solitudes des régions barbares, et rien n'y est plus pernicieux que les amollissantes nostalgies boulevardières. Au contraire, l'habitude du contact de la nature, partout quelque peu semblable à elle-même, est un excellent préservatif contre les faiblesses et les découragements.

L'importance et les difficultés de l'Administration coloniale, organisme essentiellement actif et créateur, étant incomparablement plus grandes que celles de l'administration métropolitaine, il s'ensuit que le recrutement de la première doit s'opérer suivant des principes diamétralement opposés à ceux qui semblent avoir régné trop souvent jusqu'ici dans les sphères gouvernementables : au lieu de réserver pour l'exportation les fonctionnaires considérés, à tort ou à raison, comme de qualité inférieure, il faut poser en règle que, dans les colonies, il n'y a pas de place pour les médiocrités. L'admission à l'école d'administration coloniale doit donc être entourée de très sérieuses garanties : nous n'en connaissons pas de meilleures qu'un *concours* auquel pourraient seuls prendre part des candidats pourvus déjà du baccalauréat complet, c'est-à-dire englobant les matières littéraires et scientifiques. La production supplémentaire de quelques autres diplômes de notre enseignement supérieur ordinaire (droit, lettres, sciences, écoles spéciales) devrait naturellement conférer une avance d'un nombre de points à déterminer.

Nous voudrions en outre, que l'âge d'entrée ne put être abaissé au-dessous de vingt ans ni s'élever au-dessus de vingt-et-un, de façon à éliminer tous ces médiocres dont le succès tardif semble attester la constance plus que le savoir ; que le séjour à l'école durât trois ans et qu'il fût complété par un stage de deux ans dans les bureaux du gouvernement ou de la résidence générale d'une de nos colonies.

Mais, avant tout, il est une condition préalable qu'il faut exiger avec la dernière rigueur : c'est l'aptitude physique. Quelle que soit la valeur intellectuelle et morale d'un fonctionnaire, la somme des services qu'il peut rendre est nulle, s'il est incapable de supporter les fatigues d'une vie essentiellement active sous des climats tout particulièrement meurtriers. Un examen médical exercé par une commission compétente et portant, non seulement sur la vigueur des candidats, mais encore sur la concordance de leurs tempéraments avec les exigences des climats coloniaux doit donc barrer l'entrée du concours à tout ce qui risquerait de devenir à bref délai une non-valeur.

Il ne peut-être question dans une étude générale, comme la nôtre, de dresser un programme détaillé et définitif de l'enseignement que devrait donner une école d'administration coloniale. Les énonciations qui suivent n'ont d'autre objet que de jeter quelques clartés sur l'esprit qui, suivant nous, doit animer cet enseignement. Dans ce but il nous suffira d'indiquer les matières suivantes comme étant de celles appelées à y figurer :

I. — *Histoire générale de la colonisation*, dans tous

les temps et plus spécialement aux époques moderne et contemporaine. — Son esprit et ses procédés chez les différents peuples. — Conséquences produites par ces divers systèmes.

II. — *Géographie physique et politique* des régions actuellement colonisées par les peuples civilisés ou susceptibles de l'être dans l'avenir.

III. — *Connaissances topographiques suffisantes*, non seulement pour lire et corriger les cartes existantes, mais encore pour lever celles des pays encore insuffisamment explorés.

IV. — *Langues et littératures indigènes*, pouvant se diviser en quatre catégories : 1° Arabe et Berbère ; 2° Soudanaises ; 3° Indo-Chinoises ; 4° Malgaches.

V. — *Ethnographie* appliquée aux races comprises dans nos possessions. — Religions. — Constitution et organisation de la famille, de la tribu et de la peuplade. — Régime gouvernemental. — Formes et dévolutions de la propriété. — Institutions, mœurs et coutumes.

VI. — *Droit implanté* par nous dans chacune de nos colonies ; privé, administratif, politique. — Comparaison raisonnée, d'une part, avec le droit autochthone et, d'autre part, avec le droit métropolitain.

VII. — *Connaissances géologiques et minéralogiques* suffisantes pour découvrir, reconnaître et apprécier les richesses minières pouvant être contenues dans nos possessions.

VIII. — *Notions d'hygiène et de médecine* relatives au diagnostique et au premier traitement des maladies les plus communément constatées sous les climats coloniaux.

IX. — *Connaissances approfondies en histoire naturelle* appliquées à la faune et à la flore spéciales aux contrées soumises à notre hégémonie.

X. — *Sciences économique et commerciale* portant principalement sur les points suivants :

1° Étude des produits naturels, minéraux, végétaux et animaux, existant dans chacune de nos colonies. Utilisations dont ils sont susceptibles. Soins et manipulations dont ils doivent être l'objet pour acquérir leur maximum de valeur marchande. Lieux de débouchés. Importance de la consommation dans chaque pays importateur. Cours moyens sur les principaux marchés consommateurs. Prix de transport, taxes douanières et autres charges accessoires. Habitudes commerciales de chaque pays ;

2° Étude des produits européens consommés dans nos colonies. Conditions de prix et de fabrication qu'ils doivent présenter pour répondre aux besoins, goûts et habitudes de la clientèle. Prix de revient de ces articles tant en France que chez les nations concurrentes. Marchandises nouvelles qui pourraient être offertes avec chances de succès. Moyens propres à accroître la consommation des produits nationaux.

XI. — *Science agronomique* portant notamment sur les points suivants : Diverses natures des sols ; leurs propriétés physiques et chimiques ; moyens sommaires de les reconnaître par la nature de la végétation spontanée qu'il produisent. Étude approfondie des diverses cultures pouvant paraître susceptibles d'être utilement introduites ou développées dans nos colonies ; conditions de sol, d'altitude, d'orientation, de chaleur et d'humidité qu'elles exigent. Soins qu'elles réclament. Débouchés. Prix de vente des produits sur les marchés de consonsommation.

XII. — *Connaissances militaires* comprenant : Armement. Théorie et pratique du tir. Diverses formations de troupes. Principes sommaires de tactique. Formation et direction de petites colonnes. Campements. Construction, attaque et défense de fortifications sommaires.

A cet enseignement intellectuel il est de la plus haute importance de joindre une éducation physique des plus intenses. Le fonctionnaire colonial est appelé à passer une notable partie de son existence en déplacements à travers des pays sans routes et sans hôtelleries ; il faut donc qu'il soit entraîné dès sa jeunesse aux chevauchées longues et pénibles, rompu aux marches et aux navigations fluviales, habitué aux campements sommaires, en un mot, préparé aux fatigues et aux vicissitudes de la vie barbare.

Ce rapide exposé doit suffire pour faire comprendre par quels procédés d'initiation nous entendons préparer notre personnel colonial au rôle complexe qui doit faire de lui le chef bienveillant et éclairé de la population indigène, le garant de la paix, de l'ordre et de la sécurité publique, l'introducteur de la colonisation, le pouvoir pondérateur entre les races diverses, l'agent de renseignement du commerce et le guide compétent de l'agriculture.

Une préparation aussi sérieuse ne peut évidemment être obtenu que par l'appât d'avantages proportionnels à l'effort qu'elle exige. Ces avantages, à nos yeux, doivent être les suivants :

I. — *Exemption du service militaire*, qui entraverait fâcheusement le cours des études, et auquel suppléera largement l'éducation donnée par l'école coloniale.

II. — *Très large rémunération matérielle* : Un personnel d'élite ne peut consentir à subir les tristesses, les risques et les dangers de l'expatriation en pays barbare qu'en vue d'émoluments sensiblement supérieurs à ceux qu'il pourrait obtenir dans la métropole. D'ailleurs il faut considérer, d'une part, que le déploiement d'un certain luxe d'existence est, chez les primitifs surtout, la condition *sine quâ non* du prestige nécessaire à l'exercice de l'autorité, et, d'autre part, qu'une situation matérielle au-dessus des tentations vulgaires constituera toujours la meilleure des garanties de moralité, indispensable chez ceux appelés à personnifier la France aux yeux de ses sujets. Enfin, même au point de vue budgétaire, l'entretien d'un *petit nombre* de fonctionnaires largement payés, mais investis de sérieux pouvoirs et à la hauteur de leur mission, serait certainement moins onéreux que celui de cette foule de services mal adaptés qui trop souvent jusqu'ici n'ont su donner à nos colonies que le spectacles de leurs conflits et de leur impuissance.

III. — *Exclusion de tout favoritisme.* Ce serait une naïveté de s'astreindre à une préparation longue et laborieuse, si des influences quelconques continuaient à concurrenceret souvent même à primer les titres régulièrement acquis. Si l'on veut constituer une administration coloniale digne de ce nom, il faut donc qu'on ne puisse y accéder que par une *seule porte : celle de l'École* et qu'à la sortie comme à l'entrée, un concours sévère écrème et classifie les mérites. Le nombre des élus ne doit pas être déterminé arbitrairement après coup, mais fixé et publié avant l'épreuve, d'après le nombre des vacances à combler dans le cadre administratif. Les éliminés, parmi lesquels subsisteront des éléments de haute valeur, trouveront encore des débouchés rémunérateurs au service des grandes Compagnies coloniales, industrielles, commerciales ou agricoles.

IV. — *Garanties assurant la régularité des avancements.* La favoritisme ne s'exerce pas seulement par l'admission d'intrus dans un corps régulièrement organisé, mais encore par le scandale d'avancements notoirement immérités. C'est une cause puissante de découragement et de démoralisation contre laquelle on ne saurait trop se prémunir. Aussi demanderons-nous que, comme dans l'armée, la part de l'avancement *au choix* soit strictement déterminée et que nul n'en puisse bénéficier sans avoir figuré préalablement sur un tableau *ad hoc* régulièrement établi et publié.

V. — *Débouchés suffisamment larges et nombreux.* Quelle que soit la valeur d'un homme, son activité ne peut être soutenue que par l'ambition d'un but sans cesse plus élevé à atteindre. C'est pourquoi il est nécessaire d'ouvrir au personnel de l'administration coloniale des débouchés en rapport avec sa valeur initiale et suffisants pour entretenir et stimuler son énergie jusqu'au terme extrême de sa carrière. Ces débouchés, à notre avis, doivent être les suivants :

1° *Administration active*, comprenant les *stagiaires*, les *adjoints* aux administrateurs ou aux résidents, trois classes *d'administrateurs ou de résidents*, les administrateurs ou résidents *supérieurs* (pouvant être investis des fonctions de vice-gouverneurs), les *résidents généraux ou gouverneurs* ;

2° *Administration sédentaire*, comprenant les emplois de *chefs de divisions* dans les bureaux tant des gouvernements locaux que du Ministère des Colonies ;

3° *Contrôle*, comprenant un corps d'inspecteurs de diverses classes (dont nous étudierons plus loin l'organisation), à la disposition immédiate du Ministre des Colonies et chargés par lui de missions de surveillance périodiques ou inopinées.

Remarquons que, dans notre pensée, les fonctions sédentaires et les fonctions de contrôle ne doivent être abordées qu'après un séjour prolongé dans l'administration *active*, qui seule confère la connaissance profonde des hommes et des choses ; notre désir serait même de n'y voir admettre que des fonctionnaires ayant déjà atteint le grade d'administrateur ou de résident de *première classe*, de façon que l'expérience et la compétence du dirigeant ou du surveillant ne puisse jamais être suspectée de se trouver inférieure à celle du dirigé ou du contrôlé. A plus forte raison ne saurions-nous admettre l'intrusion dans les cadres, soit du contrôle soit des hautes fonctions sédentaires, d'éléments hétérogènes dénués tout à la fois des connaissances théoriques données par l'École et du savoir pratique conféré par l'exercice des fonctions actives. Les prétendues compétences boulevardières ou bureaucratiques ne nous inspirent qu'une confiance fort médiocre : aussi est-ce à *l'exclusion de tous autres concurrents* que nous entendons réserver au personnel des services actifs coloniaux les deux catégories de fonctions que nous venons d'énumérer.

4° Enfin, pour les gouverneurs ou résidents généraux, pour les vice-gouverneurs et les inspecteurs généraux, un nombre de siéges à déterminer au *Conseil supérieur des colonies*, dont nous étudierons le rôle et l'organisation dans la quatrième partie de notre travail.

Sous les trois formes qu'elle doit nécessairement affecter, action, direction et contrôle, il importe à la clarté de sa hiérarchie que l'administration coloniale conserve une *unité de cadres* concordant avec son unité d'origine : c'est pourquoi nous voudrions voir régner dans ses diverses branches, en quelque lieu qu'elles fussent appelées à s'étendre, une complète assimilation de grades, accusée par une parfaite égalité des traitements. Des indemnités accessoires, plus ou moins considérables, en rapport avec les difficultés, les inconvénients, les risques et les dangers de chaque situation particulière, devraient évidemment être en outre allouées aux titulaires d'un grand nombre de postes ou de fonctions ; mais ainsi du moins la concordance des valeurs égales se trouverait mieux accentuée.

Pour en finir avec l'exposé de l'administration coloniale telle que nous la concevons, il nous reste à résoudre deux questions. La première est celle-ci :

1° Les fonctionnaires coloniaux doivent-ils être confinés dans une colonie déterminée ou bien l'avancement doit-il avoir lieu par voie de roulement entre nos diverses possessions ?

2° Les Gouverneurs des colonies doivent-ils pouvoir être choisis en dehors des cadres de l'Administration coloniale ?

Théoriquement l'avancement par voie de roulement entre nos diverses colonies serait, à nos yeux, la solution la meilleure. Cependant nous ne l'admettrons pas sans restrictions, et cela en raison de l'impossibilité où se trouvera l'Ecole d'administration coloniale de donner à tous ses élèves une préparation également applicable à des régions fort différentes. Ce n'est pas que la plus grande partie de l'enseignement dont nous avons esquissé le programme n'embrasse la généralité de nos colonies ; mais il est une matière, *la linguistique*, qui dépasserait certainement la puissance d'assimilation de la plupart des individus, si chacun devait approfondir la totalité des idiômes dont elle a mission d'inculquer la connaissance. Or cette branche scientifique est trop importante pour pouvoir être sacrifiée. Toutefois cette *importance n'est pas la même à tous les degrés de la hiérarchie* : prépondérante dans les fonctions impliquant une *action immédiate* sur les populations, elle devient secondaire dans les sphères élevées, là d'où la direction se transmet par l'entremise de rouages intermédaires. Cette considération nous conduit à l'adoption de la combinaison suivante.

Pendant la première année de scolarité, l'enseignement, dans toutes ses branches, peut être exactement le même pour tous ; au point de vue linguistique, il doit embrasser tous les idiômes compris dans les programmes, mais sans dépasser les bornes des simples théories grammaticales spéciales à chacun d'eux : C'est une initiation sommaire destinée à faciliter plus tard à tout fonctionnaire qui en ressentirait le besoin une étude plus approfondie. Mais, dès le commencement de la seconde année, la spécialisation devient une nécessité : il faut que chaque élève, dans l'ordre de classement obtenu à la fin de l'année précédente et jusqu'en concurrence d'une proportion déterminée, opte pour l'un ou l'autre de nos quatre groupes coloniaux. Dès lors, ses études linguistiques se circonscrivent entre un ou deux idiômes, ce qui leur permet de s'approfondir. Dans ces conditions, les diplômés sont nécessairement affectés à la colonie en vue de laquelle ils ont été plus particulièrement préparés. Jusqu'au grade d'administrateur ou de résident de *première classe*, c'est-à-dire tant que la nature des fonctions exige une spécialisation particulièrement intense, nous entendons que l'avancement ne puisse s'obtenir que dans les limites du même groupe colonial. A partir de ce moment, une distinction semble s'imposer entre les fonctionnaires destinés à n'avancer que suivant les règles de *l'ancienneté* et ceux classés pour l'avancement *au choix* : aux *premiers* nous ne voyons plus d'autres débouchés admissibles que les *emplois sédentaires* des gouvernements locaux et du ministère ; aux *seconds*, qui sont destinés à atteindre les sommités de la carrière, doivent être largement ouverts les emplois *d'inspecteurs coloniaux*, de *vice-gouverneurs* et de *gouverneurs*, et cela dans toute l'étendue de nos colonies, sans qu'il y ait lieu de distinguer entre elles. En effet, étant donnée l'identité des principes généraux que nous avons déclarés applicables à toutes nos possessions, l'expérience acquise dans l'une trouvera facilement son application dans toute autre, alors surtout qu'il ne s'agira plus que d'un rôle de direction et de haute surveillance et que les titulaires de ces rôles seront la quintessence d'une élite déjà douée par l'Ecole d'une très sérieuse préparation théorique. Ce système à l'avantage d'ouvrir des horizons plus vastes aux hommes de valeur exceptionnelle joint celui d'empêcher le haut personnel colonial de s'imprégner outre mesure d'un étroit esprit local, déplacé dans les sphères supérieures.

En ce qui concerne les emplois de gouverneurs, il n'est évidemment aucune raison d'en interdire l'accès aux membres les plus éminents d'un personnel qui, par son instruction théorique et son expérience acquise, se trouve le mieux préparé à cette haute fonction. Le doute ne peut surgir que sur le point de savoir si elle doit être leur *apanage exclusif*. En faveur de la solution négative, on ne manquera pas d'invoquer l'utilité, d'une part, de sauvegarder la liberté ministérielle, d'autre part, de contrebalancer l'influence de l'espèce de mandarinat que d'aucuns seront tentés de voir dans l'Administration Coloniale, telle que nous voudrions la constituer. Cependant, balance faite des inconvénients et des avantages, nous estimons que la solution la meilleure est encore celle qui, du haut en bas de la hiérarchie, assurerait la plus complète homogénéité. En fait actuellement, par suite de l'abus inévitable d'influences de toutes sortes, la prétendue liberté ministérielle se rapproche d'autant plus de l'esclavage qu'elle peut moins se retrancher à l'abri de règlements protecteurs. Chacun sait que ses choix lui sont trop souvent imposés par des considérations absolument étrangères à l'intérêt des colonies et il est probable qu'ils seraient parfois très différents, si son indépendance était une réalité. La solution par nous préconisée, en éliminant de plein droit les candidatures politiques, (les plus délicates à récuser), loin d'affaiblir la liberté ministérielle, ne ferait donc que la renforcer. Quant aux dangers d'un prétendu mandarinat, un instant de réflexion suffit pour en comprendre la chimère : dans notre conception de l'administration coloniale, le concours n'intervient qu'au début de la carrière ; dans les grades supérieurs, c'est le choix, c'est-à-dire la volonté gouvernementale métropolitaine qui règne en maîtresse. Comment veut-on dès lors qu'elle puisse jamais se trouver impuissante ? En somme ce que nous demandons pour l'Administration coloniale, c'est l'extension du système appliqué, dans tous les pays civilisés, à l'armée, à la marine, aux travaux publics, en un mot à tous les services sérieusement organisés. Jamais un personnage politique, quel que soit d'ailleurs son talent, n'a songé à briguer les fonctions de général, d'amiral ou d'ingénieur en chef : chacun comprend qu'un service technique ne peut être dirigé que par un chef doué de compétence spéciale. Or nous croyons avoir démontré que le gouvernement des colonies exige un ensemble de connaissances appropriées, un corps de doctrines fixes, une expérience particulière d'un caractère non moins spécial que les connaissances et l'expérience nécessaires à la direction des armées, des flottes ou des grands travaux publics. Toute la confusion provient d'une assimilation erronée entre l'administration coloniale et l'administration métropolitaine; cette confusion dissipée, le principe de la nécessité de Gouverneurs spécialement préparés à leur tâche reprend toute sa valeur. Le triomphe de la théorie contraire aurait pour conséquence la réintroduction dans les colonies de la politique avec tous ses excès, de l'instabilité gouvernementale avec sa versatilité de vues incohérentes, sans compter probablement le fléau des méfiances réciproques entre l'administration et ses grands chefs, en un mot la perpétuation de la plupart des vices actuels qu'il est urgent d'en proscrire.

Peut-être trouvera-t-on que nous nous sommes un peu longuement étendu sur cette question d'organisation : c'est que nous la considérons comme le pivot de toute politique coloniale. Il est bon de se rappeler que l'admirable extension de l'Angleterre sur tous les points du monde est due en grande partie à la puissante et intelligente constitution de son administration coloniale. Ce n'est qu'en s'inspirant sur ce point de son exemple que nous pouvons espérer d'aussi heureux résultats.

IV.

Justice répressive. — Son importance au point de vue politique. — Caractères qu'elle doit présenter. — Inefficacité de notre justice de droit commun : ses causes. — Nécessité de juridictions et de législations spéciales : ce qu'elles doivent être. — Régime pénitentiaire.

Dans la deuxième partie de cet ouvrage, nous avons esquissé l'organisation de la justice civile, c'est-à-dire de l'organisme appelé à régler les différends d'ordre privé ; il nous faut maintenant étudier la constitution du pouvoir auquel devra être confié la répression des actes intéressant la société tout entière, autrement dit des crimes, des délits et des contraventions.

La justice répressive est un des attributs essentiels de la souveraineté. Si, aux débuts d'un protectorat, l'exercice peut en être laissé, en ce qui concerne les autochthones, à la magistrature indigène, cette situation ne saurait être que transitoire. Dès que la colonisation prend une certaine consistance, la dualité des juridictions pénales produit nécessairement des suspicions réciproques introduisant la passion là où surtout le sang froid le plus absolu doit régner : dans les affaires mixtes, en effet, les prévenus ne peuvent être déférés ni aux jurys français, ni aux tribunaux traditionnels, sans que, dans l'une ou l'autre des deux castes, on ne se plaigne hautement d'un excès systématique, soit d'indulgence, soit de sévérité. Nulle situation n'est plus propre à envenimer les rapports des races en présence. C'est ce qui nous fait considérer comme une nécessité inéluctable d'y mettre un terme aussi promptement que possible par la fondation d'institutions judiciaires spéciales, offrant à tous toutes garanties de lumières et d'impartialités. Dans un milieu aussi complexe, c comprend que le problème ne comporte pas une seule, mais plusieurs solutions.

Au cas où incriminés et victimes se trouveront appartenir également à l'élément européen, il n'y a pas de difficultés : le droit commun peut s'expliquer purement et simplement. Les contraventions et délits seront jugés par les tribunaux français et les crimes par un jury composé de citoyens.

Mais il arrivera beaucoup plus fréquemment (ne serait-ce qu'en raison de leur supériorité numérique) que les infractions à la loi pénale seront commises par des indigènes au détriment d'indigènes ou d'Européens ou que des représentants des deux races figureront à un titre quelconque dans la même affaire. Alors la question se complique étrangement et ne peut être rationnellement résolue que grâce à une connaissance approfondie des mœurs barbares. C'est ce que nous allons tâcher de faire comprendre.

Dans tous les temps et sous toutes les latitudes, chez les peuples primitifs régis par des gouvernements faibles, les traits caractéristiques suivants s'imposent à l'attention de l'observateur :

1° *Mince valeur de la vie humaine :* la cause profonde de ce mépris est certainement la sauvagerie native d'instincts encore mal dégagés de la bestialité ; mais il se trouve surtout aggravé par la fréquence des spectacles sanglants, toujours considérable dans les pays mal policés et parfois imposés par les mœurs mêmes. Il en résulte une proportion d'attentats contre les personnes beaucoup plus élevée que chez les nations civilisées.

2° *Médiocre respect accordé à la propriété* : il s'explique évidemment par l'insuffisance et surtout l'irrégularité des répressions. Mais cette explication n'est pas la seule : d'instinct la collectivité, encore imprégnée du communisme originel, répugne d'autant plus à reconnaître les appropriations individuelles que la faible marque d'une industrie en enfance n'y voile pas encore suffisamment la part prépondérante de l'action de la nature. Le vol, dans une certaine mesure, est la riposte à ce qui semble vaguement un attentat contre le droit collectif de tous ; c'est l'extension à la généralité des objets de ce sentiment qui, en Europe même, inspire plus de respect pour les fruits cultivés que pour les produits spontanés du sol, tels que bois et pâturages. Une troisième cause contribue encore à multiplier les attentats contre la propriété chez les primitifs, c'est leur inaptitude à s'élever à la conception d'un *droit humain*, c'est-à-dire s'étendant à tous les membres de l'humanité. Comme à Sparte, les obligations morales ne dépassent pas, à leurs yeux, le petit groupe social, *tribu ou village*, dont l'individu fait partie ; au delà, c'est le domaine vague où la force et la ruse constituent la seule loi. Il est naturel que les habitudes mauvaises couramment exercées au delà de l'étroite frontière soient trop souvent rapportées en deçà ;

3° *Absence de réprobation publique :* La fréquence des attentats, en créant l'accoutumance, paralyse fatalement la conscience publique, si même elle ne l'empêche pas de naître. Dès lors les intérêts primordiaux de chacun peuvent être lésés, sans soulever l'indignation solidaire de la masse. Au contraire, les malfaiteurs deviennent des sortes de héros qui s'imposent à la lâcheté des timides et à l'admiration des caractères énergiques ;

4° *Substitution des vengeances privées aux répressions régulières :* du moment où le pouvoir légal se montre inapte à remplir son rôle, il est fatal que les particuliers se considèrent comme réinvestis des privilèges de l'indépendance, parmi lesquels figurent en première ligne le droit de défense et de représailles ;

5° *Constitution de ligues dégénérant nécessairement en foyers de désordres :* souvent trop faible pour assurer sa propre sécurité, l'individu cherche dans l'association le complément de forces qui lui manque ; de là formation de groupements purement volontaires, composés d'individualités éparses, que cimentent, non des communautés de vues et d'opinions, mais de simples solidarités de sympathies et de haines. Fondées sur la passion autant que sur le besoin, ces ligues méconnaissent bien vite tout frein et toute mesure ; survivant aux raisons initiales qui ont provoqué leur naissance, elles deviennent permanentes, puis agressives et cherchent sans cesse à se renforcer et s'étendre, en vue de l'écrasement des associations antagonistes. Ce sont des foyers constants d'effervescence, des sources de conflits sanglants, en un mot une menace permanente pour la paix publique,

La répression des attentats de tous genres, dans les colonies, n'est donc pas seulement une question de justice, c'est encore et surtout, une question *politique*, puisqu'elle constitue un élément important du problème de la pacification définitive. Pour la résoudre, c'est-à-dire pour restaurer le respect de la vie humaine et de la propriété, pour réveiller ou susciter la conscience publique, pour arracher l'exercice du droit de châtiment aux passions individuelles ou coalisées, enfin pour pouvoir dissoudre les armées du désordre, il faut avant tout que la puissance gouvernementale satisfasse elle-même aux besoins d'un Etat social régulier, c'est-à-dire qu'elle reprenne énergiquement possession de son rôle de garante exclusive du sang et des biens de tous. Cette innovation constituera un tel bienfait qu'elle ne peut qu'être facilement acceptée, mais à une condition toutefois, c'est que la justice nouvelle ne heurte pas trop directement les idées reçues sur la gravité relative des infractions et qu'elle réponde à l'idéal de tous les primitifs, nullement portés à l'oubli des injures et surtout ennemis déclarés des formes lentes et compliquées ; il faut donc qu'elle soit *accommodée aux mœurs*, *ferme*, *simple* et *prompte*. Et la logique, sur ces points, est entièrement d'accord avec l'opinion barbare. En effet, dans un pays civilisé, où l'ordre est la règle et la criminalité l'exception, la loi cherche avec raison à prémunir l'individu contre les abus de pouvoir de l'Etat : de là les formalités nombreuses et les lenteurs voulues, constituant autant des garanties pour l'accusé. Au contraire, dans un pays barbare et encore hostile, la présomption doit être renversée : c'est l'intérêt de l'ordre et de la sécurité publics qui doivent primer les droits de l'individu. Il en résulte que les formalités doivent être simplifiées et les délais restreints, de façon à obtenir une répression énergique, surtout rapide, au besoin sommaire : ce n'est qu'à ces conditions qu'elle sera exemplaire. Dans un tel milieu, l'impunité fréquente des coupables, en dépit des larmoyantes théories chères aux avocats d'assises, est infiniment plus pernicieuse que ne pourrait l'être même la condamnation accidentelle d'un innocent : ce dernier abus, en admettant qu'il soit prouvé, ne pourrait que jeter de l'odieux sur le personnel d'un tribunal, tandis que le premier aurait pour effet certain de multiplier des crimes devant léser, non pas un seul, mais un nombre incalculable d'innocents. D'ailleurs une justice prompte, qui ne donne pas à l'accusé le loisir d'édifier un échafaudage de défenses mensongères, peut être au moins aussi clairvoyante qu'une justice boiteuse, et elle se montrera toujours autrement efficace.

Une justice répressive telle qu'il la faut aux indigènes de nos colonies ne saurait être rendue par un personnel semblable à celui qu'y envoie actuellement la métropole. Pour juger de l'innocence ou de la culpabilité d'un accusé, doser son degré de perversité morale, évaluer la portée sociale de son attentat, il est indispensable de ne rien ignorer des mœurs, des croyances, des préjugés, de l'état d'esprit actuel du milieu social où il s'est formé et a perpétré son acte. D'autre part, pour peser des dépositions et des témoignages dont la valeur principale consiste le plus souvent en *nuances délicates*, le concours d'un interprète est bien dangereux, puisque, abstraction faite de la difficulté d'en trouver de sûrs, toute traduction ne rend fatalement qu'une reproduction approximative de la pensée ; or, s'il est un cas où des nuances aient leur importance, n'est-ce pas surtout alors que la liberté ou la vie humaines sont en jeu ?.. Telles sont déjà les difficultés pour la magistrature assise ; que deviendront-elles pour le *juge instructeur*, qui, pour lever et suivre la piste des attentats, devra sans cesse opérer en plein pays barbare, s'il ignore tout des hommes, du langage et des choses ?.. Pour un tel rôle, la condition d'entraînement physique constitue déjà un grave embarras : car, si elle est accessible pour des jeunes gens débutant dans la carrière, l'expérience indispensable leur fait alors complètement défaut ; en revanche, si on réserve ces délicates fonctions aux expériences acquises, il est à craindre que l'âge n'ait déjà détruit les aptitudes corporelles nécessaires. Pour qu'elle devînt apte à remplir sa mission, il faudrait donc à la magistrature, comme à l'administration coloniale, une préparation particulière comprenant, outre une éducation physique appropriée, l'étude de toutes les matières énoncées aux paragraphes IV-V et VI (Linguistique, ethnographie et droit colonial) du programme d'enseignement ci-dessus esquissée en vue du personnel administratif.

En supposant ce résultat obtenu, la justice coloniale resterait encore impuissante, si elle devait rester soumise à certains principes qui, en matière de preuves, dominent tout notre droit commun. Elaboré pour des races chez lesquelles le culte de l'honneur et la religion du serment ont conservé une puissance considérable, notre Code d'instruction criminelle a fait avec raison reposer sur le témoignage humain la plus sérieuse chance de certitude. Mais ce genre de preuve perd toute sa valeur, si on le transporte dans un milieu où les témoins doivent généralement être tenus en suspicion. Or tel est le cas de la plupart des pays barbares : là, en effet, le mensonge n'est une honte ni aux yeux de son auteur ni à ceux de l'opinion publique ; il est même honoré quand il a pour mobile la solidarité unissant les membres des associations dont nous avons parlé plus haut. Le serment lui-même n'a de valeur relative que revêtu d'un caractère religieux ; encore cette garantie est-elle souvent faussée par le fanatisme même, chaque fois que l'intérêt d'un coreligionnaire se trouve en conflit avec celui d'un infidèle. Dans de telles conditions, la preuve, telle que la comprend notre droit commun, est le plus souvent impossible à établir et l'obstination à l'exiger aboutit fatalement aux plus dangereux résultats. En effet, à force de voir (comme de nos jours en Algérie) des coupables avérés, reconnus comme tels, au fond de sa conscience, par la magistrature elle-même, sans cesse relaxés faute *d'une forme de preuve déterminée*, recommencer leurs attentats avec une audace croissante, se venger impunément par des incendies et des assassinats des rares témoins restés assez courageux pour les accuser, le sentiment de la solidarité sociale s'oblitère dans les masses, le mépris de l'autorité gouvernementale croît en raison de la conscience qu'elles acquièrent de sa ridicule impuissance, et le brigandage, précurseur des insurrections, se met à fleurir. Pour éviter de tels dangers, il faut renoncer résolument à des errements inconciliables avec les mœurs. En réalité, la prétendue *preuve* par témoins n'est qu'une *présomption* basée sur la foi en la véracité des déposants; du moment où cette base manque, il faut bien se contenter d'autres présomptions. Quelles qu'elles soient, elles auront toujours plus de valeur que des témoignages dictés par le mensonge, la corruption et la peur et, pour qu'elles puissent entraîner la condamnation, il doit suffire qu'elles soient graves, précises et concordantes. Au fond, ce qui importe surtout, c'est bien moins d'établir mathématiquement et « dans les formes » un fait déterminé que de débarrasser la société de malfaiteurs *notoirement* professionnels, non moins dangereux pour leurs propres compatriotes que pour notre domination. Les primitifs n'ont jamais compris autrement le rôle de la justice répressive et ils ne professent que mépris pour l'autorité qui sacrifie à des scrupules d'ordre sentimental l'intérêt primordial de la sécurité publique.

Il semble que logiquement nous devrions conclure en faveur de la création d'une école de justice coloniale; telle ne sera cependant pas notre solution. Nous craindrions d'abord de n'avoir pas à offrir au personnel judiciaire de débouchés proportionnés à l'effort que nous aurions à lui demander; nous appréhendrions surtout d'introduire dans les colonies, en face de l'administration, un corps rival capable d'entraver la première dans son action politique, à laquelle la justice répressive, ainsi que nous l'avons fait remarquer plus haut, se trouve intimement liée. Le système que nous proposons sera d'ailleurs infiniment plus simple et plus économique. Voici en quoi il consiste :

I. *Confier l'exercice de l'action publique et l'instruction à l'un des adjoints de l'administrateur ou du résident.* — Au point de vue de la connaissance de la langue, des mœurs et des lois coloniales, ce fonctionnaire se trouvera admirablement préparé ; son entraînement physique et les moyens d'action dont il disposera lui permettront de se transporter partout avec le maximum possible de rapidité ; enfin, mieux que personne, il trouvera chez les agents indigènes de tous ordres, *ses subordonnés immédiats*, un concours assuré. D'ailleurs l'expérience de cette conception se poursuit depuis longtemps en Algérie : dans un grand nombre de communes mixtes, les administrateurs-adjoints sont chargés des instructions judiciaires, et, bien que leur préparation soit bien inférieure à celle que nous préconisons, les résultats sont aussi satisfaisants que le comportent les institutions défectueuses de cette colonie.

II. *Déférer le jugement des délits et des crimes à un organisme spécial, tenant tout à la fois de la commission disciplinaire des territoires de commandement algériens et du jury des pays civilisés.* — Il devrait se composer :

1° De *jurés* tirés au sort sur une liste de notables, suivant des règles à déterminer. Ces jurés seraient au nombre de *quatre* pour les affaires *correctionnelles* et de *huit* pour les affaires criminelles. Dans les circonscriptions déjà pénétrées par l'immigration européenne, *la moitié* devrait appartenir à l'élément *français* et l'autre *moitié* à l'élément *indigène ;*

2° D'un élément *fonctionnaire* comprenant, savoir : pour les affaires *correctionnelles, l'administrateur ou résident* de la circonscription et un *magistrat français*, et, pour les affaires *criminelles*, en outre de ces deux personnalités, un *administrateur-adjoint ou résident-adjoint et un magistrat indigène*. Il est bien entendu que l'adjoint siégeant ne devrait jamais être celui qui aurait procédé à l'instruction de l'affaire, mais un de ses collègues de la circonscription, laquelle sera toujours assez vaste pour que son chef ait besoin de plusieurs collaborateurs.

La présidence d'un tel tribunal reviendrait naturellement à l'administrateur ou résident, en raison de la haute compétence que lui confère, pour la direction des débats, sa connaissance des mœurs et du langage.

Les justiciables de cette juridiction devraient être, non seulement les indigènes, mais *même les Européens*, quand les attentats dont ils seraient accusés auraient été commis *au détriment d'indigènes*. Nous estimerions déplorable, en effet, qu'en matière de criminalité, la puissance gouvernementale puisse être soupçonnée de partialité en faveur de ses nationaux ; or ce résultat serait inévitable, si l'Européen suspect de culpabilité à l'égard d'un autochthone jouissait du privilège d'être jugé exclusivement par des hommes de sa race. Quelle que soit leur origine, les accusés n'ont droit de réclamer que *l'égalité des garanties* de compétence et d'impartialité ; or, où les trouverait-on mieux réunies que dans des tribunaux réunissant aux avantages offerts par tous les jurys du monde, celui de renfermer dans son sein une élite spécialement préparée à sa tâche. La particularité de notre système consiste surtout en la juxtaposition dans un même corps de deux éléments ethniques différents. Le danger possible de cette innovation serait que, suivant l'origine des accusés, un tel jury ne se scindât en deux partis systématiquement disposés à une extrême indulgence ou à une extrême sévérité ; mais justement nous le conjurons par l'introduction d'un élément fonctionnaire suffisamment fort pour que toujours il puisse jouer efficacement un rôle pondérateur (1). Dans cette conception, les jurés représentent, à nos yeux, l'état moyen de la conscience publique ; l'élément judiciaire, l'esprit de circonspection et de scrupule favorable à l'accusé; et l'élément administratif, l'intérêt politique supérieur, qui, suivant les circonstances, c'est-à-dire le degré de calme ou de désordre régnant alors dans la région, doit pousser à l'accentuation de la répression ou à l'atténuation de la rigueur. Ces trois ordres de considérations offrent l'une et l'autre une très grave importance et, à notre avis, dans un milieu tel que les colonies, c'est la dernière qui doit généralement prédominer.

Comme juridiction d'appel, il y aurait lieu d'instituer, au chef-lieu de chaque colonie, une commission supé-

(1) Au cas où l'infraction commise par un Européen au détriment d'un indigène aurait eu pour théâtre une circonscription non encore pénétrée par la colonisation et où par conséquent les jurés français ne pourraient être recrutés, l'accusé devrait, par exception, être déféré à un autre jury normalement composé.

rieure, présidée par le vice-gouverneur et composée, pour moitié, de hauts fonctionnaires d'ordre administratif et, pour moitié, des sommités de la magistrature coloniale. Elle connaîtrait tout à la fois des appels criminels et des appels correctionnels (dans les cas *graves* où ces derniers seraient déclarés recevables). Les recours en cassation pourraient s'introduire suivant les règles du droit commun. Quant au droit de grâce, il importe qu'il ne puisse jamais être exercé que sur la proposition du gouverneur de la colonie, seul juge en situation d'apprécier les conséquences politiques de certains actes de clémence.

S'il est une série d'infractions dont la répression exige de la simplicité et de la promptitude, c'est celles de simple police. Aussi sommes-nous d'avis qu'en ce qui concerne les indigènes, elles soient toutes punies *disciplinairement*, c'est-à-dire directement par le chef administratif de la circonscription ou ses adjoints, sous la double condition de l'audition *publique* et *contradictoire* des parties et de *l'inscription* motivée des décisions sur un registre spécial, soumis au contrôle des autorités hiérarchiques. Au fond, cette façon de procéder n'offre pas moins de garanties que notre droit commun, sous l'empire duquel le juge se trouve souvent *lié* par des procès-verbaux *faisant foi jusqu'à inscription de faux* et, par conséquent, n'est que *l'homologateur de sentences déjà rendues*, en fait, par des agents *subalternes plus ou moins dignes de confiance*; elle a, de plus, l'avantage de n'entraîner ni atermoiement ni frais accessoires et d'être la mieux adaptée aux mœurs des races primitives.

Dans notre système, le rôle de la magistrature proprement dite se trouve donc assez sensiblement réduit. Ses attributions se bornent : 1° En matière civile, à la connaissance des affaires européennes ou mixtes, à tous les degrés de juridiction ; 2° en matière répressive, à la connaissance des contraventions de toute nature commises *par des Européens*, quelle que soit la nationalité de la victime, et à celle des délits et des crimes commis *par des Européens au détriment d'Européens*. Dans ces limites, où sa préparation générale la rend apte à se mouvoir efficacement, son action doit s'exercer avec une entière indépendance : aussi ne voyons-nous pas d'obstacle à ce que le privilège de l'inamovibilité lui soit conféré. Mais là doit se borner son champ d'action. Au delà, c'est-à-dire dans les affaires où les indigènes et la sécurité générale se trouvent plus particulièrement en jeu, la magistrature devra bien encore intervenir à titre d'auxiliaire, mais c'est le pouvoir politique, c'est-à-dire l'administration coloniale, qui doit conserver la direction et la prépondérance.

A une telle prétention on ne manquera pas d'opposer le principe prétendu fondamental *de la séparation des pouvoirs*. L'objection toutefois ne nous touche que médiocrement, étant de ceux qui se refusent à voir dans l'ingénieuse conception de Montesquieu une sorte de dogme applicable à tous les lieux et à tous les temps. Les populations barbares, les premières intéressées en somme dans la question, n'en ont jamais eu l'idée ; au contraire, chez toutes, l'idéal du gouvernement a toujours été la concentration de tous les pouvoirs dans les mêmes mains. Notre proposition n'offre donc rien de nature à les choquer. Ce qu'ils estiment avant tout, c'est, ainsi que nous l'avons dit déjà, un justice appropriée aux mœurs, ferme, prompte, simple et économique, incapable de se laisser paralyser par les arguties de la forme, les chicanes de la mauvaise foi ou les conflits latents d'autorités rivales : or telles doivent être les qualités de celle que nous voudrions instituer. Les répugnances à l'accepter ne peuvent venir que de nos préjugés à nous, libéraux civilisés, toujours portés à chercher des garanties pour l'individu contre la puissance sociale. Or il est des cas où cette préoccupation doit céder le pas devant d'autres plus impérieuses et plus urgentes : tel est celui notamment où une infime minorité étrangère entend imposer sa domination à toute une race autochthone. C'est *la minorité dominatrice surtout qui alors a besoin de garanties* contre la coalition sourde des mauvaises volontés individuelles, et elle ne peut les obtenir que par *l'unité et la concentration* de son action. Dans l'espèce, l'intérêt de la puissance colonisatrice se trouve donc absolument d'accord avec les traditions indigènes et rien ne serait plus impolitique que l'importation de scrupules jusqu'alors inconnus et destinés fatalement à nous affaiblir. En France même, en cas de troubles graves, l'application des principes de Montesquieu est suspendue et l'autorité militaire investie de la toute puissance : cet exemple prouve le caractère contingent de la règle ordinaire. Eh bien ! la situation qui, dans *un pays de libres intitutions*, surgit à titre *exceptionnel* est, dans une certaine mesure, *habituelle* là où une *domination étrangère prétend se perpétuer*. Dans un tel milieu, le régime de droit commun doit donc être un compromis entre les rigueurs excessives de l'état de siège et les mollesses de nos institutions métropolitaines. Notre système de justice répressive, qui admet le concours de *notables des deux races en le pondérant par un élément gouvernemental*, nous paraît concilier, dans la mesure nécessaire, le souci des *garanties dues à l'individu* avec celui que réclame *l'intérêt social et politique*.

Nos codes métropolitains ne sont pas mieux que nos institutions judiciaires appropriés aux besoins de nos colonies. Déjà nous avons vu plus haut que notre procédure est à rejeter en bloc et que notre Code civil, complètement inadmissible pour les indigènes, ne saurait même être appliqué aux immigrants européens qu'avec certaines modifications. Nous venons d'établir, d'autre part, que nos principes d'instruction criminelle sont pour la justice coloniale une cause fatale d'impuissance. Il en est de même de tous les autres. La voix voix autorisée de Jules Ferry a dénoncé à la tribune du Sénat les abus criants imposés aux indigènes algériens par l'application de notre Code forestier. Il n'est pas jusqu'à notre Code pénal, malgré la prétendue universalité de la morale sur laquelle il est basé, qui ne se montre, quoique dans des proportions moindres, lui aussi, défectueux ; la relativité des peines n'y est pas toujours d'accord avec le jugement de la conscience locale ; beaucoup de ses dispositions ne sont utilisables que par voie d'analogies plus ou moins lointaines, par conséquent arbitraires ; par contre certains actes particulièrement répréhensibles et dangereux, eu égard à l'état de mœurs, échappent, faute de textes s'y appliquant, à toute répression. Rien n'est plus naturel que cette impossibilité d'étendre à un peuple des dispositions édictées en vue d'un autre peuple, de mœurs et de civilisation très différentes ; rien par conséquent n'est plus absurde que la règle admise par notre droit public de déclarer nos codes applicables aux colonies par le seul fait de la conquête. Un tel subterfuge est sans doute commode pour la magistrature, qui se trouve ainsi dispensée de toute étude nouvelle ; mais il est désastreux pour les populations, ainsi vouées aux plus invraisemblables abus. La logique et la raison, non moins que l'expérience, démontrent la nécessité pour chaque colonie d'une *législation distincte, particulièrement appropriée*. Nos codes métropolitains, si l'on tient à en conserver au moins le cadre, doivent donc être soumis, avant toute introduction dans nos possessions, *à une révision méticuleuse* et subir toutes les *modifications*, *amputations* et *adjonctions* nécessaires à leur complète *adaptation*. Nous verrons dans la quatrième partie de cet ouvrage à quelle autorité devra être confiée cette délicate besogne.

Une des conditions les plus indispensables à l'efficacité de toute justice répressive est que les pénalités prononcées contiennent une puissance d'intimidation suffisante : or, pour une peine déterminée, cette puissance varie énormément selon l'état des esprits et la rudesse des mœurs. Ainsi, dans les pays barbares, où la conscience publique, peu développée, n'attache aux actes coupables qu'une réprobation faible ou nulle, toute la série de ce que nous appelons les peines *infamantes* reste absolument illusoire et de nul effet. Quant aux peines dites *afflictives* (autres que la mort), elles ne conservent réellement ce caractère qu'à la condition d'imposer aux condamnés un mode d'existence plus pénible que celui auquel ils sont accoutumés. Or pour un primitif, habitué à vivre d'une poignée de couscous, de sorgho ou de riz et à coucher sur la terre nue avec quelques lambeaux d'étoffe pour toute couverture, le régime de nos maisons centrales représente un degré de bien-être plus propre à encourager le crime qu'à l'effrayer. Les institutions pénitentiaires appliquées aux condamnés indigènes des colonies doivent être sensiblement *plus dures* que leurs similaires de la métropole, pour arriver à produire *le même degré* d'effet. Loin de nous la pensée de préconiser des traitements auxquels répugneraient les sentiments d'humanité des nations civilisées ! Nous nous bornons à constater la nécessité d'une situation plus pénible pour les condamnés que ne l'est, à l'état libre, la condition de la plupart d'entre eux. Nous insisterons surtout sur l'efficacité du *travail* comme moyen de correction de races généralement indolentes. Outre son action moralisatrice, le travail des condamnés peut et doit avoir dans les colonies une portée économique considérable, s'il est exclusivement affecté à des œuvres d'utilité publique, et par cette expression nous entendons, non seulement l'ouverture de voies de communication, le creusement et l'amélioration des rivières et des ports, mais encore le défrichement préalable des terres offertes par l'État à la colonisation. De cet emploi résulterait en effet tout à la fois, pour les finances publiques l'avantage de la majoration des prix de ventes, et, pour la colonie entière, une économie notable de temps et d'argent dans la réalisation de sa mise en valeur.

V

Considérations sur les services techniques coloniaux : armée et marine ; impôts et finances ; travaux publics et chemins de fer ; postes et télégraphes.

De tout ce qui précède il résulte que, dans notre conception, l'administration coloniale proprement dite (celle que nous voudrions recrutée exclusivement parmi les élèves de l'école coloniale) réunit dans ses mains un nombre considérable d'attributions. Si en effet nous la comparons aux administrations métropolitaines, nous la trouvons investie tout à la fois de la totalité des pouvoirs ressortissant, en France, des ministères de l'intérieur, du commerce et de l'agriculture et d'une partie de ceux ressortissant des ministères de la justice, de l'instruction publique et des cultes (justice répressive, instruction et cultes indigènes) ; de plus, lui revient encore la direction d'un service essentiel, inconnu dans la mère patrie, celui de la colonisation. Et cette concentration n'a rien d'exagéré ni d'arbitraire ; elle dérive de la nécessité de soumettre à la direction éclairée d'une puissance unique, d'une part, toutes les forces vives de la société indigène et, d'autre part, l'œuvre délicate de la mise en contact de cette société avec un élément ethnique nouveau et dissemblable.

Quelle que soit l'importance de ce service fondamental, il ne saurait cependant suffire à tout. Il est des œuvres d'un caractère tellement technique qu'elles ne peuvent être menées à bien que par un personnel cantonné dans sa spécialité : telles sont notamment les choses de la guerre et de la marine, des finances, des travaux publics, des postes et télégraphes (nous ne reparlerons pas de l'instruction publique ni de la justice, ayant émis plus haut nos vues à leur sujet). Ces spécialités diverses, aux colonies comme partout, sont les auxiliaires indispensables de l'administration proprement dite. La matérialité de leur rôle circonscrit rend leur adaptation beaucoup plus simple que celle des services dont nous nous sommes occupé jusqu'ici : Aussi n'en parlerons-nous que pour émettre quelques observations générales à l'égard de chacun d'eux.

L'armée et la marine ne sont point, à proprement parler, des services coloniaux : elles représentent la force de la nation préposée à la garde d'une partie de son domaine. Qu'elles campent au stationnent à la frontière marocaine ou dans les ports indo-chinois, sur le plateau de l'Imerima ou au centre de Paris, leur rôle est partout le même : c'est une expectative attendant pour se transformer en action une agression du dehors ou une insurrection du dedans. Toutefois, en ce qui concerne l'armée française, sa constitution en vue d'un objet exclusif, sur la base du recrutement régional et du service personnel et obligatoire, la rend peu propre aux déplacements lointains et prolongés : de cette difficulté est né le projet de création d'une armée spéciale, devant être affectée exclusivement à la garde et à l'extension de nos possessions d'outre-mer. Si, comme nos actes de chaque jour semblent l'indiquer, nous voulons sérieusement devenir une grande puissance nationale, cette création s'impose avec une telle clarté que nous ne nous attarderons pas à la discuter : nous nous étonnerons seulement de ce qu'elle ne soit pas encore réalisée. Mais il est une dangereuse utopie, déjà préconisée en plein Parlement, et qui ne saurait être trop énergiquement combattue : c'est la prétention d'armer et d'organiser militairement la masse des populations indigènes en vue de renforcer notre armée nationale !... D'abord est-on bien sûr que l'imposition d'une telle charge ne serait pas pour nos sujets un signal d'insurrection ? De ce que certains d'entre-eux, dans la défense de leur indépendance, ont fait preuve de certaines qualités guerrières, de ce que même nos troupes indigènes se recrutent assez facilement par voie d'enrôlements volontaires il ne faudrait pas conclure en effet que la masse soit disposée à se laisser enrégimenter. Autre chose est l'esprit guerrier, fait d'énergie et d'enthousiasme passager, autre chose l'esprit militaire, fait d'abnégation, de discipline et d'endurance physique et morale. Le barbare possède souvent le premier, assez rarement le second. Homme de tribu, habitué à une vie étroite mais intense, il s'en déracine difficilement et ne se transplante qu'avec peine. Ceux que nous voyons dans nos rangs presque toujours y ont été poussés uniquement par la misère et la faim; la comparaison des enrôlements consentis, d'une part, dans les années de disette et, d'autre part, dans les années d'abondance suffirait à la démonstration de cette vérité. Mais, en fût-il d'ailleurs autrement, que l'entreprise n'en serait pas moins dangereuse. Admettre que les soulèvements sont provoqués exclusivement par les abus ou les maladresses du pouvoir et qu'il suffit d'une sage administration pour les prévenir et les conjurer est une pure naïveté sentimentale. En réalité, les peuples (et parmi eux les primitifs surtout) obéissent plus aux passions irraisonnées qu'à la réflexion : les excitations étrangères, les préjugés religieux, l'antagonisme instinctif des races pendant longtemps encore resteront des dangers latents nous obligeant à envisager résolument les éventualités d'insurrections. Il est donc pour nous d'un intérêt capital de ne pas en accroître du moins bénévolement la portée et les conséquences ; or tel serait le résultat à peu près certain de la constitution d'importantes armées indigènes. Qui nous assure en effet que cette force créée par nous ne se solidariserait pas quelque jour avec la masse d'où elle sort et à laquelle tant de liens continuent à la rattacher? Des troupes de mercenaires, issus de classes les plus humbles et alléchés par l'appât d'intérêts matériels, peuvent bien, dans une certaine mesure, oublier leur origine et se dévouer à la nation conquérante, *qui les relève socialement en en faisant les instruments de son autorité* ; mais une armée nationale, c'est-à-dire, recrutée obligatoirement dans toutes les classes d'une race, reste foncièrement attachée à cette race, elle la personnifie, lui confère la conscience de sa force et, par cela même, la tentation d'en risquer l'épreuve, en attendant de prêter à la révolte l'organisation de ses cadres et le concours de sa science acquise. Voilà le danger permanent d'une telle conception ! il est de nature à primer les avantages, à nos yeux fort problématiques, qu'on espère en retirer dans nos guerres européennes. Dût-elle ne jamais se réaliser, la prudence la plus élémentaire obligerait à tenir compte de cette contingence, par conséquent à maintenir aux colonies un effectif de troupes françaises suffisant pour faire contrepoids à ces auxiliaires peu sûrs, c'est-à-dire en définitive à décupler les frais d'occupation. C'est une contradiction que de vouloir entretenir ou susciter des mœurs militaires dans un pays qu'on prétend dominer ; toute politique conquérante doit au contraire s'inspirer de vues diamétralement opposées. Que l'on constitue au moyen d'éléments indigènes des forces de police suffisamment organisées pour assurer l'ordre public dans les circonstances normales ; que l'on recrute, comme on l'a fait jusqu'ici, une certaine proportion de troupes mercenaires, destinées surtout à soulager les nôtres ; que même on y ouvre l'accès des grades subalternes à de vieux serviteurs éprouvés ; rien de plus pratique et de plus sage. Mais s'avancer plus loin dans cette voie, c'est, sans sérieux espoir de compensations d'aucun genre, risquer sur un coup de carte notre empire colonial tout entier.

Pour un peuple conquis, la conséquence la plus immédiate et la plus sensible de sa soumission au vainqueur, c'est l'obligation de lui payer l'impôt : le poids et la nature de la contribution à verser constituent donc un des facteurs très importants de la rapidité et de la sincérité de cette soumission. Pour le contribuable la substitution d'un bénéficiaire à un autre est un fait dont il peut s'accommoder sans trop de peine, car il ne le touche que moralement : ce qui lui importe surtout, c'est que ses propres charges ne se trouvent pas aggravées. Cette considération doit amener le peuple dominateur à prendre *le régime existant comme base de son système fiscal* : ce n'est que peu à peu, par le développement logique des principes sur lesquels se fonde la pratique traditionnelle et seulement au fur et à mesure du développement de la richesse générale, qu'il pourra accentuer ses exigences. Toute innovation en pareille matière est grosse de dangers de plus d'un genre : d'abord rien ne prouve *a priori* que des sources nouvelles dussent être plus fécondes que les anciennes et, en tous cas, le défaut d'accoutumance, pendant longtemps, en rendra le débit moins sûr et moins régulier. Il n'est pas jusqu'aux vices invétérés de l'assiette et de la perception qui ne demandent à n'être corrigés qu'avec circonspection. Dans un état social rudimentaire, où la régularité et le contrôle étaient forcément très défectueux, il était inévitable que les fonctionnaires indigènes chargés de la manipulation des fonds publics en retirassent quelques profits illicites. Un gouvernement honnête doit évidemment remédier à cette situation, mais à la condition toutefois de ne pas engendrer, par un zèle intempestif, des inconvénients plus graves que les premiers. La substitution de nos rigoureuses administrations financières au concours peu sûr des chefs indigènes couperait court, sans nul doute, à toutes prévarications; mais c'est toute une armée à introduire, et une armée coûteuse! Ou bien son traitement sera prélevé sur la somme des impôts habituellement encaissée, mais alors la part nette de l'Etat se trouvera diminuée d'autant; ou bien les côtes seront majorées du montant des frais nouveaux, et alors les contribuables calculeront que l'honnêteté européenne revient plus cher encore que l'indélicatesse barbare. Les malversations anciennes, connues de tous et presque innocentées par l'usage, n'étaient, en tous cas, imputées qu'à leurs auteurs, c'est-à-dire à des indigènes, tandis que le mécontentement suscité par la situation nouvelle remontera jusqu'au gouvernement novateur. Mais la majoration *stérile et, par conséquent, impolitique* de l'impôt n'est que le moindre des inconvénients à prévoir. Avec le collecteur indigène, comme avec le ciel, il était des accommodements : de lui on pouvait obtenir des délais et des arrangements multiples; au besoin, moyennant « d'honnêtes courtages » il se faisait le banquier du débiteur besogneux. Cela coûtait bien un peu cher, mais permettait l'attente de jours meilleurs. Avec nos administrations telles qu'elles sont par essence, c'est-à-dire rigides, formalistes et paperassières, toutes ces facilités s'évanouissent : après réception de quelques hiérogliphes indéchiffrables pour presque tous, il faut payer à date fixe, inexorablement, sous peine de voir les frais quintupler la dette et l'expropriation emporter le champ des ancêtres et jusqu'à la cendre du foyer, et cela dans des pays où personne jamais n'a songé à supputer la fuite du temps! L'éventualité de telles conséquences nous amène à conclure que même en cette matière mieux vaudrait amender patiemment que brusquement révolutionner. Les procédés fiscaux traditionnellement suivis en pays indigène offrent de sérieux avantages de souplesse, de simplicité et d'économie ; ils sont de plus accommodés aux mœurs. Pour les rendre définitivement acceptables, il suffirait sans doute d'une série de sévérités exemplaires et de l'établissement d'un contrôle approprié.

Les considérations qui précèdent ne s'appliquent évidemment qu'aux indigènes ; les colons européens ont droit aux garanties de formes consacrées par les usages des pays civilisés. Il faut les leur accorder et avec d'autant moins d'hésitations que, la population immigrante pendant de longues années devant rester relativement peu importante, l'importation des services en rapport avec ses besoins ne grèvera que faiblement les finances coloniales. Mais si notre procédure fiscale peut et doit être admise au profit de nos nationaux, il est beaucoup plus délicat de décider à quelle *nature d'impôts* ils doivent être soumis.

D'abord de toute évidence il ne saurait être question de nos impôts métropolitains. *L'impôt foncier* suppose la *préexistence d'un cadastre*, c'est-à-dire une énorme dépense préalable de temps et d'argent ; de plus, il exige une *fixité au moins approximative dans la classi-*

fication des sols, alors que la propriété coloniale, en voie de formation, doit pendant longtemps traverser toutes les vicissitudes des essais, heureux ou malheureux, et par conséquent monter et descendre tous les degrés de la gamme des valeurs. Notre taxe *mobilière* ne verrait tomber sous son incidence que le capital importé, un capital d'exploitation, c'est-à-dire *un instrument de travail*, destiné à être enfoui dans des entreprises à longue échéance : comment grever une telle valeur tant qu'elle n'est pas devenue productive? Quant à *nos impôts indirects*, les tracasseries que nécessitent la plupart d'entre eux sont mortelles pour les industries naissantes ; en outre, dans des pays vastes, à populations clairsemées et, par conséquent, de surveillance difficile, ils exigeraient une telle armée d'agents qu'elle suffirait souvent à absorber les produits qu'elle serait censée sauvegarder. En tous cas, les impôts indirects ne pourraient constituer qu'un accessoire.

Il faut donc chercher autre chose : car, si l'on peut et doit accorder à la colonisation, pendant des périodes que nous voulons *très larges*, des *immunités d'abord totales, puis partielles*, nous ne saurions les admettre définitives. Non seulement il est juste que tous ceux qui en tirent profit paient leur part des charges publiques, mais il est sage qu'un élément appelé à coopérer à la direction des affaires soit astreint à subir la répercussion de ses votes.

Les impôts métropolitains écartés, il ne reste que deux solutions possibles : inventer de toutes pièces un régime spécialement applicable aux Européens de chaque colonie, ou bien leur étendre l'application des principes fiscaux traditionnellement imposés aux indigènes, c'est-à-dire (toutes différences de formes et de procédure réservées) frapper *identiquement* toutes les matières habituellement taxées, en quelques mains qu'elles soient trouvées. Cette dernière combinaison nous paraît offrir une grande supériorité sur l'autre : elle atteint du coup, partout où elles existent, les natures de produits que l'expérience des siècles a révélées les plus importantes et les plus difficiles à dissimuler ; elle supprime définitivement la question, aussi irritante que délicate, que maintiendrait éternellement posée la dualité des régimes : « Quel est l'élément exploiteur ?... Quel est l'élément sacrifié ?... » ; elle rapproche les deux races sur un terrain commun où leur entente ne peut qu'éclairer le pouvoir, sans l'affaiblir. Si en effet l'impôt traditionnel est sagement modéré, l'européen n'a aucune raison de se refuser à le subir ; si au contraire il pèse réellement trop lourd, il l'est pour tous, pour l'indigène comme pour l'Européen : dans ce cas, il n'est pas mauvais que la communauté des situations induise l'activité des hommes d'Occident à prêter son appui à l'apathie orientale, en vue de remédier à un abus anti-économique, nuisible à la colonie entière. Il est bien entendu que nous n'entendons pas pétrifier à jamais le régime fiscal des colonies dans le cadre rudimentaire où nous l'aurons trouvé circonscrit. La colonisation, par son travail et ses exemples, va amener la création d'une foule de produits nouveaux, qui peu à peu devront devenir pour le fisc de nouvelles sources de revenus. Ce seront des catégories de matières imposables à ajouter aux anciennes. Mais, pour que ces adjonctions soient facilement acceptées de tous, il est bon qu'elles soient introduites par voie d'analogies successives, sans troubler l'économie du système traditionnel et surtout sans porter atteinte au principe de l'égalité des contribuables. Peut-être nous objectera-t-on que, dans les pays barbares, les impôts ont parfois un caractère religieux qui semble devoir empêcher leur application aux sectateurs d'autres croyances ; mais ce serait tirer d'un fait matériellement vrai des conséquences, à notre avis, excessives. Ce qui est extrait de la loi religieuse, c'est surtout le *principe de l'obligation du paiement ;* il peut être emprunté à d'autres croyances positives ou même philosophiques, sans entraîner de conséquences pratiques différentes. Quant à la détermination de la matière imposable et la fixation du quantum, alors même qu'à consulter les textes sacrés elles semblent limitativement arrêtées, les volontés des gouvernements autochthones eux-mêmes en ont singulièrement élargi les bornes ; de sorte qu'au fond les systèmes fiscaux à base prétendue religieuse ressemblent à tous les autres : c'est toujours un prélèvement obligatoire d'une part de certains revenus des particuliers au profit de la puissance publique, dans les conditions et proportions édictées par cette dernière. Il n'y a donc là rien qui soit foncièrement inacceptable pour des Européens.

Les travaux publics dans les colonies présentent une importance considérable, la nature brute n'y ayant encore subi que fort peu l'empreinte du travail humain. Presque tout y est à faire. C'est justement la grandeur de la tâche qui nous impose l'obligation d'une méthode particulièrement rigoureuse : car, étant donnée la limitation toujours trop étroite des moyens d'action, il importe au plus haut degré d'en tirer le maximum d'utilité possible et par conséquent de n'en rien distraire sur des œuvres improductives.

Dans un pays neuf, la dépense productive par excellence est celle qui a pour objet l'ouverture des voies de communication, puisque, sans elles, les régions un peu éloignées des ports, quelles que soient leurs richesses virtuelles, en sont réduites à ne produire que pour les besoins, toujours bornés, de la consommation locale.

Les voies de communication intérieure d'un pays comprennent les rivières et canaux, les routes ordinaires et les voies ferrées. Des premiers nous n'avons rien à dire qui soit particulier aux colonies. Les secondes, à notre époque, n'ont plus de raisons d'être que sur de courts trajets, c'est-à-dire sur des longueurs correspondantes à celles des chemins ruraux ou vicinaux de la métropole. Quant aux artères équivalentes à nos routes nationales, départementales ou de grande communication, le railway s'impose dans des pays où l'énormité des distances ne peut être atténuée que par la modicité des tarifs de transports. Mais, par cela même qu'un chemin de fer est une entreprise industrielle et, à ce titre, a droit à une juste rémunération de ses capitaux engagés, cette condition *essentielle de modicité* des prix ne peut être obtenue que par l'importance proportionnelle du transit ou, à défaut, par une garantie d'intérêt assurée par la puissance publique. Ce dernier moyen est un expédient, auquel, en l'état des finances métropolitaines, on ne peut plus espérer avoir recours que dans une faible mesure. D'autre part, la situation économique des pays neufs, où la production moyenne par kilomètre carré restera longtemps très peu intense, ne permet pas de compter de sitôt sur une exploitation rémunératrice, *si les voies ferrées coloniales sont construites dans les conditions usitées en Europe*. La conclusion, c'est qu'il faut adopter des types plus simples, nécessairement moins parfaits, mais aussi moins coûteux et suffisants en somme pour satisfaire pendant une période assez longue aux besoins d'une civilisation naissante. Ce qui importe surtout, en effet, c'est *l'extension maxima du réseau*, eu égard aux ressources dont on dispose, puisqu'il s'agit pour le moment de faciliter l'écoulement de *productions clairsemées sur de vastes espaces*, puisqu'en outre la sérieuse mise en valeur de chaque point du pays est subordonnée à sa préalable pénétration. Le principe de la *voie étroite* nous paraît donc devoir être admis, de même que celui des *ponts et travaux d'art aussi simples que possible*, non conçus en vue de braver l'effort des siècles: il suffit qu'ils répondent aux besoins de la génération qui les aura payés. L'accroissement de la richesse générale produit par ce premier effort permettra des réfections et améliorations successives. De notables économies peuvent aussi être réalisées, il nous semble, sur le matériel et le personnel des gares. Quel touriste, en Algérie par exemple, n'a été attristé par le spectacle de ces nombreuses stations sans trafic et sans voyageurs, où un personnel désœuvré, rongé par la fièvre et l'ennui, concentre tout l'intérêt de sa journée sur le passage des deux ou trois trains qui, seuls, lui rappellent l'existence du monde ?... A quoi bon ces bâtiments sans utilisation et ces agents sans emploi?... Toute gare incapable de couvrir les frais de son matériel et de son personnel ne devrait pas être construite. En attendant que sa création se justifie, il suffit que les trains fassent une halte de quelques instants devant un poteau indicateur et que quelques mètres de voie de garage permettent de laisser à la disposition des rares expéditeurs et sur leur demande préalable un wagon, qu'eux-mêmes se chargeront de charger et de garder jusqu'au passage du train suivant. La distribution des billets se ferait en cours de route. Quant à l'enregistrement des colis isolés, un agent installé sur un fourgon roulant et muni d'une bascule s'acquitterait facilement des formalités nécessaires. Ce que nous préconisons, en somme, c'est l'adoption des procédés simples, pratiques et économiques auxquels les Américains ont eu si souvent recours au début de leur œuvre d'expansion et par lesquels ils ont si vite atteint leur prodigieuse prospérité.

La multiplication des bureaux de postes et télégraphes, au triple point de vue politique, militaire et commercial, n'est guère moins désirable que celle des voies ferrées. En cette matière encore la nécessité de desservir *le plus de points possible* avec des ressources qui initialement se trouveront toujours inférieures aux besoins nous impose l'adoption de systèmes simples et économiques. Malheureusement nos administrations françaises ont un peu trop le culte de l'absolu. Ainsi celle qui nous occupe n'admet pas qu'un de ses bureaux soit installé autrement que dans un local spécial rigoureusement aménagé suivant un plan uniforme, ni surtout qu'aucun de ses agents puisse s'adonner à la moindre occupation étrangère à sa fonction. Cependant, en France même, il se présente des cas assez nombreux où une installation postale offrirait une réelle utilité, sans toutefois suffire à absorber tout le temps du titulaire. La rigidité de ses principes place alors l'administration dans cette alternative : ou bien priver une agglomération d'un puissant moyen de développement, ou bien payer une demi-oisiveté le même prix qu'un travail assidu. Or ce dilemme fâcheux pourrait être facilement éludé, par l'adoption de théories plus souples : en admettant que là où le service ne saurait employer toute l'activité d'un homme il pourra se cumuler avec d'autres occupations étrangères, pourvu qu'elles soient compatibles avec le devoir professionnel. Ces situations seront nécessairement beaucoup plus nombreuses encore dans des pays en formation, comme les colonies, que dans la métropole; mais heureusement les moyens de résoudre cette difficulté n'y feront pas défaut. D'abord remarquons que toujours les voies ferrées sont munies, pour leur propre service, d'une ligne télégraphique. Au lieu d'installer à grands frais, à quelques centaines de mètres, une autre ligne indépendante mais absolument parallèle à la première, comme on ne manque pas de le faire en France et en Algérie, pourquoi ne pas simplement ouvrir au public la ligne de la Compagnie?... Pourquoi dans chacune des *petites gares rurales*, dont le personnel est si souvent oisif, ne pas installer un bureau public de postes et de télégraphes?... C'est une obligation accessoire que les cahiers de charges futurs peuvent parfaitement impóser aux concessionnaires. Quant à la modification des situations acquises, en admettant qu'elle ne puisse être obtenue que moyennant une subvention compensatrice du surcroît de charges et de responsabilité, la dépense serait toujours bien inférieure à celle qu'entraînent une installation et un personnel distincts. Pour les garanties de bon fonctionnement, l'action du service contrôleur les assurerait à cet égard aussi bien qu'à tous les autres. Ce cas n'est qu'un exemple particulier; on peut formuler comme règle générale que, dans tous les *petits* postes où une administration *sédentaire* quelconque est représentée par des agents *insuffisamment occupés*, le même système peut être appliqué : les surchargés eux-mêmes seront loin de s'en plaindre, s'ils doivent retirer d'une augmentation de travail en somme assez faible un accroissement appréciable de ressources. Au risque de paraître quelque peu révolutionnaire, nous serions disposé à nous avancer dans une telle voie beaucoup plus loin encore; dans une localité dépourvue de tout agent de l'État, nous ne verrions pas d'inconvénients à confier la direction d'un bureau de poste à un commerçant sérieux, qui ferait de ce dernier l'annexe de sa boutique! l'habitude de la comptabilité commerciale rendrait facile l'initiation d'un tel homme aux formules administratives ; l'apprentissage de la manipulation des appareils télégraphiques ne serait que l'affaire de quelques jours ; quant aux garanties financières offertes par un négociant, ne vaudraient-elles pas celles des entrepreneurs de courriers, auxquels l'administration des postes confie journellement lettres et plis chargés ?...

En somme ce que nous désirons, c'est qu'on sache se plier aux circonstances et que la poursuite d'une perfection exceptionnellement accessible ne fasse pas trop souvent obstacle à la satisfaction des besoins primordiaux de la colonisation. Les besoins des pays nouveaux sont tout à la fois nombreux et simples : pour une telle situation, il faut des institutions *extensives*, dussent-elles être d'abord *rudimentaires*.

IV

Nécessité de concentrer la direction supérieure de tous les services coloniaux entre les mains des gouverneurs ou résidents généraux.

Tous les développements qui précèdent ont dû suffire à caractériser clairement le rôle de l'administration coloniale : c'est essentiellement un rôle *d'action* et d'action *originale*, puisque son objectif est la création d'un type de société très différent de nos sociétés occidentales. Une telle visée ne saurait être atteinte par des efforts incohérents ; il faut que toutes les énergies appelées à y concourir s'exercent strictement dans le même sens, par conséquent qu'elles soient soumises à une unité de direction.

Il existe toutefois, nous le savons, une théorie différente, dite des *rattachements*, défendue jadis avec une énergie qui a pu paraître singulière, tant qu'on n'en eut pas pénétré les mobiles intéressés : elle consiste à laisser à *chaque ministère dit compétent* la direction séparée des services coloniaux *prétendus* similaires à ceux de la métropole. Les résultats de l'expérience qui en a été faite en Algérie pendant seize ans viennent d'amener le parlement national à prononcer la condamnation du système. Toutefois, en prévision de retours offensifs, il est bon d'en souligner ici les vices.

Ainsi que nous l'avons vu déjà dans la deuxième partie de cet ouvrage, la conséquence la plus frappante et la plus inévitable du système des rattachements est, sous le régime politique actuel des colonies, la substitution de l'influence occulte et irresponsable des représentants élus de la population immigrée à l'action légitime du gouverneur. Ce premier abus disparaîtrait évidemment si, conformément à nos conclusions, la représentation des colonies au parlement national était supprimée ; mais il en subsisterait encore une foule d'autres, non moins graves. Sous un régime où les ministres passent et les bureaux restent, réserver les affaires coloniales à la décision ministérielle, c'est en réalité les livrer à l'omnipotence d'une bureaucratie créée uniquement pour la France et ne connaissant qu'elle. Sa tendance fatale sera donc de régler les affaires coloniales dans le même esprit que les affaires métropolitaines, alors que souvent elles en diffèrent radicalement, c'est-à-dire de prendre généralement le contrepied de la vérité.

De plus, chaque ministère est animé d'un esprit différent, tenant à son essence même. Ces différences se reproduiront nécessairement dans l'impulsion donnée aux affaires coloniales : ainsi, par, exemple, tandis que l'intérieur prêchera la persuasion et les moyens politiques, que la justice se hérissera de scrupules formalistes, que l'instruction publique se perdra dans des aspirations vaguement humanitaires, les finances se signaleront par l'âpreté de leurs procédés et les cultes par un dédain systématique ou une défiance tracassière des religions locales. Le résultat sera un mélange étrange de faiblesse, d'illusions et de rigueurs, c'est-à-dire. non seulement une fausseté absolue de direction, mais un idéal de contradictions et d'incohérences.

Mais c'est surtout au sein même des colonies que le régime des rattachements produit ses effets les plus lamentables. L'administration coloniale ne peut recruter ses services *auxiliaires* que dans les cadres des administrations métroplitaines. Le personnel qu'elle en tire arrive donc sans aucune préparation *spéciale*, uniquement imbu de l'esprit et des traditions de son corps originaire. Or nous venons de voir que, dans la plupart des cas, la situation des colonies exige l'adoption de vues et de procédés très particuliers. L'apathie routinière naturelle à l'homme en général et plus particulièrement aux être collectifs ne permet pas d'espérer la transformation *spontanée* d'habitudes créées par l'éducation et l'accoutumance ; elle ne s'opèrera que si elle est *forcé-*

ment imposée : or ce n'est pas des bureaux ministériels, imbus de la même ignorance, du même esprit et des mêmes préjugés que peut venir la pression réformatrice. Chaque service continuera donc d'appliquer tranquillement ses chères routines ; au Soudan ou en Kabylie, comme à Montmartre, les instituteurs produiront à jet continu des candidats au certificat d'études et au brevet simple ; les fiscaux s'ingénieront à acclimater l'un après l'autre tous les impôts métropolitains, sans s'inquiéter de savoir si les forces des contribuables pourront résister à ces saignées outrancières ; les forestiers profiteront de l'inexistence ou des défectuosités des titres de propriété indigène pour accaparer au nom de l'Etat tout ce qui présentera un vague aspect de végétation arbustive, au risque d'acculer les populations refoulées à la disette et au brigandage ; les ingénieurs enfin, planant dans les sphères sereines de l'abstraction pure, propageront imperturbablement sous le soleil tropical les types de constructions étudiés en vue des climats brumeux du Nord et s'obstineront à sillonner les steppes et les brousses de voies ferrées identiques à celles qui desservent les riches plaines de Flandre ou de Normandie. Et chacun, au fond de son cœur, se jugera avoir bien mérité de la Patrie.

Malheureusement tel ne sera pas l'avis des populations intéressées ! Les indigènes ne supporteront qu'en frémissant ce régime pseudo-assimilateur, ignorant du terrain où il opère, tout à la fois faible et dur et dont les audaces brouillonnes ne s'inspirent le plus souvent que d'une *paresse instinctive* à sortir des sentiers battus. Quant aux

Européens, ils se révolteront non moins vite contre tous ces faux-semblants qui de la métropole ne leur donnent que les charges sans les avantages compensateurs.

Ce tableau doit suffire à démontrer la *nécessité d'une unité de direction*. Il nous reste à rechercher quel sera le pouvoir directeur ?

D'aucuns penseront peut-être corriger le mal en remettant aux mains *d'un seul Ministre* (celui des colonies par exemple) la direction de *tous* les services coloniaux. Il se pourrait que cette solution fut en effet préférable à la précédente, comme étant plus propre à assurer une certaine convergence d'efforts. Néanmoins elle serait encore loin de nous satisfaire. Le système des rattachements péchait par une complète incohérence, celui-ci pécherait par *excès de généralisation*. Tout service centralisateur en effet est invinciblement porté à généraliser, c'est-à-dire à se créer *a priori*, sur chaque matière, un certain nombre de solutions auxquelles, bon gré mal gré, doivent s'adapter tous les cas particuliers. Et la raison en est bien claire c'est que généraliser, c'est simplifier, c'est-à-dire s'épargner du travail. Or, autant il est rationnel de soumettre toute notre politique et toute notre organisation coloniale à la directrice générale de certains grands principes communs, autant il serait dangereux de régler suivant des formules toutes faites la multitude des cas particuliers. Nos colonies sont multiples et diffèrent considérablement l'une de l'autre. Les difficultés s'y diversifieront donc à l'infini, suivant les milieux, les mœurs, les institutions, les caractères, les passions générales ou locales, même accidentelles ou transitoires. Tout cela constitue autant de nuances qui ne s'apprécient bien que *sur place* : les rapports les plus circonstanciés sont impuissants à en rendre la physionomie exacte et fidèle. Enfin la *lenteur* inévitable *des décisions rendues à longue distance* prolonge, non seulement inutilement, mais même dangereusement pour la bonne marche des services et le prestige de l'autorité, les tiraillements et les conflits. De toutes ces considérations se dégage cette vérité, souvent rappelée et depuis longtemps passée à l'état d'axiome : « Si l'on peut gouverner de loin, on ne saurait bien administrer que de près ».

Voilà les raisons qui nous font considérer somme une nécessité inéluctable la subordination *directe* des services coloniaux *aux Gouverneurs ou Résidents généraux*.

Nous admettrons toutefois quelques exceptions :

1° D'abord en faveur de l'armée et de la marine, qui, ainsi que nous l'avons dit déjà, ne sont pas, à nos yeux, de véritables services coloniaux. Il suffit que le chef de la colonie ait sur la force armée un droit absolu de réquisition ;

2° Ensuite en faveur de la justice, mais à une condition expresse toutefois : c'est que, conformément à nos conclusions précédentes, l'application de la Justice *répressive* aura été préalablement retirée à la magistrature. S'il devait en être autrement, rien ne serait plus nécessaire que la stricte subordination des services judiciaires, car ce sont ceux qui, faussement dirigés, peuvent entraver le plus déplorablement l'œuvre colonisatrice.

Pour être efficace, la suprématie des Gouverneurs doit n'être pas seulement nominale, mais effective ; le seul chef obéi est celui qui jouit du pouvoir de punir et de récompenser. Nous revendiquons donc pour eux :

En ce qui concerne les emplois *subalternes*, le droit *direct* de nomination, d'avancement, de récompense et de punition jusqu'à révocation inclusivement :

En ce qui concerne les fonctions supérieures, qu'il s'agisse des fonctionnaires de l'administration coloniale proprement dite ou des agents des divers services auxiliaires subordonnés :

1° Le droit d'assignation de poste ou résidence, ce qui implique celui de déplacement ;

2° Le droit exclusif de propositions en vue d'avancements, de récompenses ou de révocations et, comme conséquence, le droit de *veto* à tout avancement *au choix* qui aurait été accordé en dehors de leurs listes de propositions ou en contradiction avec elles ;

3° Le droit de blâme, de retenue de solde et de suspension dans des limites déterminées ;

4° Le droit de remise à la disposition du ministre des agents qui, en raison de leur conduite, de leur insubordination ou de leur insuffisance, seraient jugés inutilisables dans la colonie.

A l'exposé de ces prérogatives, d'aucuns ne manqueront pas de crier « à la vice-royauté ! » Nous ne voyons cependant pas comment on pourrait qualifier d'un tel nom une fonction sans cesse *révocable* par la simple volonté *d'un ministère* dépendant lui-même continuellement *du parlement national.* Mais, au surplus, les mots nous effraient peu et nous ne voyons pas pourquoi une république, si ses intérêts l'exigent, n'appliquerait pas à ses colonies des procédés régaliens. Rome jadis attribuait à ses proconsuls des pouvoirs autrement étendus et, de nos jours encore, la libérale Angleterre confère à ses vice-rois une bien autre-puissance. En somme ce que nous demandons pour les gouverneurs de nos colonies, c'est le pouvoir de contraindre ceux qui leur sont donnés *comme auxiliaires* à ne pas se transformer *en obstacles*; il nous semble que c'est là un minimum strictement imposé par la logique et le bon sens. C'est une contradiction d'assigner un but et de refuser les moyens indispensables pour y atteindre. Si donc la France veut pour ses colonies des hommes prêts à assumer la grave responsablité de leur gestion, elle ne doit leur marchander ni les initiatives ni les pouvoirs.

VII

Du contrôle de l'administration coloniale. — Inspecteurs coloniaux. — Conseils du Gouvernement. — Conseils coloniaux. — Du rôle de la Presse dans les colonies.

Toute puissance, pour ne pas verser dans l'abus, a besoin de contre poids. L'administration coloniale doit donc avoir le sien. Mais la nature même du principe sur lequel elle repose ne permet pas de l'organiser de la même manière que dans les Etats libéraux d'Europe. Chez ces derniers, le gouvernement est fondé sur la souveraineté de la nation gouvernée ; il est donc logique que les élus de cette nation conservent sur le gouvernement une directe prépondérance. Les gouvernements coloniaux ont une autre base : ils sont une délégation du gouvernement métropolitain. Il s'ensuit qu'ils ne peuvent être responsables vis-à-vis de la population coloniale. Le droit de les contrôler n'appartient qu'au gouvernement délégateur et lui seul a qualité pour décider de quelle manière ce contrôle doit être exercé. Parmi les moyens adaptés à cette fin, le pouvoir central a bien le droit de recourir à la consultation des populations coloniales, (nous proclamons même qu'il serait déraisonnable de ne pas le faire) ; mais il faut bien poser en principe que cette consultation, si elle constitue une pratique éminemment sensée et salutaire, ne saurait légitimer des prétentions à un droit de contrôle direct et personnel. Elle ne peut être *qu'un* des moyens employés par l'autorité légitime, *concurramment avec d'autres*, pour se former une opinion : la dualité latente existant entre les intérêts coloniaux et les intérêts métropolitains ne permet pas de s'en rapporter exclusivement aux représentants des premiers.

Ces réserves faites, nous proposerons pour l'administration coloniale trois sortes de contrôles fonctionnant parallèlement et destinés à se compléter et à se corriger l'un l'autre, savoir : 1° un contrôle hiérarchique ; 2° un contrôle administratif et préventif ; 3° un contrôle populaire.

Le contrôle hiérarchique ne peut appartenir qu'au chef suprême du personnel colonial, c'est-à-dire au ministre responsable des actes de ce personnel devant le Parlement métropolitain. C'est à lui qu'incombe le soin de s'assurer de la stricte et fidèle application des lois, des effets matériels et moraux en résultant, de l'exactitude des renseignements fournis par les gouverneurs, des résultats, salutaires, nuisibles ou simplement dangereux, des mesures prises par ces derniers dans les limites de leurs attributions. De telles constatations ne peuvent évidemment avoir lieu que sur place, *de visu et auditu* : c'est dire qu'elles ne peuvent être faites par le ministre en personne, absorbé qu'il est par son rôle parlementaire. Il devra emprunter le concours d'un corps spécial : celui des *Inspecteurs coloniaux*. Dans le chapitre III de la troisième partie de notre ouvrage (où nous avons traité de l'organisation de l'administration coloniale proprement dite) nous avons déjà fait allusion à cette catégorie de fonctionnaires. Nous rappellerons donc seulement qu'ils doivent être pris exclusivement parmi les administrateurs ou résidents de *1re classe* figurant sur le tableau pour l'avancement *au choix* ; c'est donc une élite, préparée à son rôle théoriquement par l'enseignement de l'école coloniale et pratiquement par un long exercice des fonctions actives, les seules qui confèrent la connaissance intime des réalités vivantes. Les pouvoirs de ces fonctionnaires doivent être en rapport avec l'importance de leur rôle. Ils sont *l'œil et l'oreille du ministre* : il faut que, comme lui, ils puissent exiger de tout voir et de tout entendre. Toutes portes doivent leur être ouvertes, toutes facilités de se mouvoir et de se transporter leur être données, toutes escortes (s'il est nécessaire) leur être fournies, toutes archives et comptabilités leur être livrées. Leurs investigations ne doivent pas seulement porter sur les documents inertes, mais encore et surtout sur les documents humains ; ils auront donc aussi à s'enquérir, non avec le zèle inquiet qui provoque, mais avec le tact discret qui juge, des vœux, des griefs, des satisfactions et des souffrances, en un mot de l'état d'âme des divers éléments de la population. Si des abus graves leur sont dénoncés, nous voulons que, sans besoin d'investiture spéciale, ils aient tous pouvoirs pour en éclaircir le bien ou mal fondé. Leurs enquêtes ne sauraient, bien entendu, aboutir à des actes directs ni même à des promesses, qui constitueraient des empiètements d'attributions. Leur seule mission est de s'éclairer eux-mêmes, pour pouvoir éclairer le ministre : elle doit finir avec le dépôt de leur rapport. Enfin, comme toute critique, de quelque source autorisée qu'elle émane, ne saurait être admise sans contradiction, nous estimons que les procès-verbaux des inspecteurs doivent être communiqués aux gouverneurs, afin que ceux-ci puissent mettre à profit les observations justement faites et aussi, dans le cas contraire, défendre leur administration. Peut-être reprochera-t-on à nos inspecteurs coloniaux d'avoir avec les contrôlés une communauté d'origine susceptible d'engendrer une excessive indulgence. Mais il faut remarquer que, par leur âge, ils ne seront les compagnons d'école que d'un petit nombre ; que le plus souvent toute leur carrière active se sera passée dans une colonie différente ; enfin qu'il dépendra toujours du ministre d'éviter de mettre en contact des fonctionnaires ayant eu ensemble des relations de camaraderie trop accentuées. Cet inconvénient, s'il existe, se retrouve dans l'armée, dans la marine, dans les travaux publics, en un mot dans tous les services dont la surveillance exige des connaissances spéciales. Cette considération, avec raison, n'a jamais paru suffisante pour livrer ces administrations aux effarements naïfs d'inspecteurs sans compétence. D'ailleurs, en ce qui concerne les colonies, les divers contrôles que nous établissons parallèlement rendraient vains les complaisances coupables et les aveuglements volontaires.

S'il est bon de relever les erreurs, il est mieux de les prévenir. Quelle que soit la valeur d'un homme, il peut, s'il est livré à ses seules lumières, céder aux emballements que produit la poursuite de visées trop absolues. C'est pourquoi nous croyons bon de placer à côté des gouverneurs des *Conseils de gouvernement* composés des directeurs de tous les grands services coloniaux (affaires indigènes, colonisation, commerce et agriculture, justice, finances, instruction, cultes, armée, marine, etc...). Cette institution existe en Algérie, où elle a donné de bons résultats : il ne s'agit que de la généraliser. Evidemment elle ne saurait intervenir dans tous les actes gouvernementaux : ce serait paralyser l'action sous prétexte de l'éclairer. Il est une foule de décisions rentrant essentiellement dans les attributions exclusivement personnelles du pouvoir et qu'il doit rendre seul, sous son unique responsabilité. Mais il en est d'autres qui, en raison de la gravité et de la complexité des conséquences, gagnent à être préalablement discutées par des compétences diversement spéciales, dont le concours offre les plus sérieuses chances de ne plus laisser place au surprises de l'imprévu. Ce n'est pas dans des « *aperçus généraux* » que la nomenclature peut en être établie. Nous nous bornerons ici à poser en principe l'utilité de prévoir et de fixer limitativement diverses circonstances où les gouverneurs ne pourront agir qu'après avis des conseils de gouvernement, comme en en France, dans certains cas, les préfets ne peuvent agir qu'après avis des conseils de Préfecture. Malgré le caractère purement consultatif de tels avis, ils n'en constituent pas moins, en fait, une garantie très précieuse : la situation élevée de personnalités telles que des généraux, des procureurs généraux, des ingénieurs, des recteurs, non moins que la conscience qu'ils ont de leur part de responsabilité morale dans la gestion du pays, répondent de l'indépendance et de la sincérité de leur langage et, d'autre part, il n'y a pas lieu de présumer, chez des gouverneurs dont toute la carrière prouve l'intelligence, le dédain systématique des opinions éclairées. Alors même que des raisons supérieures les décideraient à passer outre, ils sentiraient que leur responsabilité par cela même se trouverait plus gravement engagée, et cette idée suffira généralement à leur inspirer toute la somme de prudence compatible avec les situations.

Les deux modes de contrôle que nous venons de définir pourraient suffire à assurer dans les colonies une gestion des affaires conforme aux vues du gouvernement métropolitain ; mais les populations coloniales peuvent en concevoir de très différentes. Évidemment la nation colonisatrice a le droit et le devoir de ne pas les admettre, si elles sont inconciliables avec ses intérêts primordiaux. Mais elles n'auront pas toujours ce caractère ; il se peut qu'elles soient légitimes et même profitables à tous. En tous cas, la sagesse conseille de laisser aux divergences le moyen de se manifester légalement, puisque ce n'est qu'ainsi qu'il deviendra possible d'apprécier dans quelle mesure et sur quel terrain des compromis acceptables auraient chances d'aboutir. Ces raisons nous paraissent justifier la création de *Conseils Coloniaux*, qui réaliseront la forme populaire du contrôle de l'administration coloniale.

Les principes énoncées en tête du présent titre, ainsi que les considérations développées au titre IV de la deuxième partie de cet ouvrage nous permettent de définir immédiatement quel peut être le rôle de ces assemblées : elles ne sauraient se considérer comme des Parlements indépendants investis du pouvoir de voter à leur guise la législation spéciale des colonies, ni même comme des corps administratifs tirant de leur origine *le droit* de gérer *souverainement* tout ou partie des affaires locales. La concession la plus large que puisse leur accorder le gouvernement central c'est de leur *déléguer, en fait,* sur les matières n'intéressant qu'indirectement la métropole et sous réserve du *veto ministériel*, certains pouvoirs délibératifs ; mais il doit rester bien entendu que l'exercice de ces pouvoirs ne procède pas d'un droit propre et personnel. *En principe*, les conseils coloniaux ne peuvent être que des corps purement *consultatifs*. Mais, même ainsi comprise, la portée de cette institution n'en reste pas moins considérable ; elle donne aux populations coloniales le moyen de faire parvenir sûrement à la métropole, avec l'autorité attachée à la voix d'une représentation officielle, l'expression de leurs plaintes, de leurs griefs et de leurs vœux ; elle leur confère, en outre, le privilège d'être préalablement saisies de tout projet tendant à modifier la législation de la colonie, d'en discuter les dispositions, d'en signaler les défauts, les excès ou les faiblesses, d'en prendre elles-mêmes l'initiative, en un mot de témoigner hautement, avec tous arguments contradictoirement débattus, leurs répugnances et leurs désirs. Les procès-verbaux de ces délibérations, transmis au ministre en même temps que les rapports du gouverneur, en constitueront le critérium et obtiendront nécessairement toute la somme de crédit compatible avec le souci des intérêts généraux. Vis-à-vis de l'autorité législatrice, conseils coloniaux et gouverneurs se trouveront donc dans la situation d'avocats plaidant des thèses parfois différentes, sans autre inégalité que celle de la valeur des raisons invoquées par chaque partie.

Les colonies comprennent nécessairement trois catégories principales d'intérêts distincts : ceux des indigènes, ceux des immigrants, ceux de la métropole. Logiquement toutes trois doivent être représentées au sein des conseils coloniaux. Ceux-ci devront donc se composer tout à la fois des mandataires des autochthones, des mandataires des colons et des représentants de l'administration. Peut-être contestera-t-on la raison d'être de ces derniers, en alléguant que la réserve du droit de décision faite à son profit par le gouvernement central rend superflue toute défense préalable de ses intérêts. Mais l'argument n'est, à nos yeux, nullement péremptoire. D'abord nous avons prévu en faveur des conseils coloniaux, dans des cas nombreux, la délégation de pouvoirs *délibératifs* : il importe qu'au cours de leur exercice l'intérêt national ait ses défenseurs. D'autre part, l'action par coups d'autorité est une ressource extrême, à laquelle il est bon de ne recourir qu'à défaut d'autre : il est donc d'une saine politique de donner à la métropole, avant de l'acculer à la nécessité d'imposer sa volonté, le moyen de recourir d'abord aux voies de persuasion et, par conséquent, de faire place dans les assemblées locales aux avocats de sa cause. En outre la mise en présence d'éléments aussi tranchés que les indigènes et les colons français rendra inévitable d'ardents et dangereux conflits : il faut, pour les atténuer, l'intervention entre eux d'un élément conciliateur, chargé de les expliquer les uns aux autres et de leur trouver des terrains communs de conciliation. Enfin, pour assurer à des discussions où doit s'élaborer la création de types de sociétés nouvelles toute l'ampleur et la profondeur nécessaires, le concours de hautes personnalités à compétences approfondies est plus qu'une utilité : c'est une nécessité primordiale. C'est pourquoi nous estimons qu'il y a lieu de faire entrer dans les conseils coloniaux tous les membres des conseils de gouvernement, dont nous venons de parler un peu plus haut.

L'importance relative de cette triple représentation est une question qui ne saurait être réglée de façon absolue ; la solution doit nécessairement varier suivant le chiffre respectif des populations en présence et surtout suivant l'antagonisme plus ou moins aigu de leurs rapports. Ce qui importe, c'est qu'aucun élément ne soit jamais, à lui seul, prépondérant, car, par ce seul fait, il deviendrait oppressif. Dans une assemblée ainsi constituée, le rôle pondérateur revient forcément à l'élément fonctionnaire. Mais cette conséquence ne nous paraît pas offrir de bien graves inconvénients dans une institution *surtout consultative*, où la valeur des arguments pèsera généralement plus que le nombre des suffrages. Dans tous les cas, elle est infiniment moins dangereuse que la suprématie d'une caste. Entre les indigènes, s'obstinant à refuser toute place aux nouveau-venus, et les colons, disposés à les accaparer toutes, il faut une force désintéressée, capable de vaincre les résistances déraisonnables des uns et de réfréner les convoitises trop ardentes des autres: ce n'est que dans un élément fonctionnaire assez important pour former l'appoint nécessaire des majorités que les conseils coloniaux peuvent trouver cette force modératrice.

Comment seront nommés les représentants des colons et ceux des indigènes ?

Pour les premiers, en l'état de l'opinion métropolitaine, le seul mode admissible est l'élection par le suffrage universel; mais peut-être y aurait-il lieu d'accommoder notre système électoral à la situation particulière des colonies. Nous avons vu dans la deuxième partie de cet ouvrage qu'un de leurs pires fléaux est la *politique pure*, qui s'y résume en assauts de convoitises, et toute l'économie du système que nous préconisons tend à l'en bannir. Il serait déplorable qu'il réussit à reprendre pied dans les conseils coloniaux en la personne de ces aventuriers, toujours nombreux dans les pays neufs, qui cherchent dans des agitations stériles une importance factice devant se traduire en profits personnels. Les intérêts vitaux des colonies sont d'ordre économique : le régime électoral qui leur convient le mieux est donc le plus propre à y assurer la prépondérance des questions économiques. Il n'en est pas, à notre avis, qui réponde mieux à ce besoin que l'ingénieux système développé dans les numéros de la *Revue des deux Mondes* en date des 1er Juillet, 15 Août, 15 Décembre 1895 et 1er Avril 1896, par M. Ch. Benoist, sous le titre « *Organisation du suffrage universel* ». L'auteur part de ce principe qu'à côté des intérêts individuels, seuls représentés aujourd'hui, il y a des intérêts *corporatifs*, souvent beaucoup plus considérables que les premiers et qu'il conviendrait de doter d'une représentation particulière, et il résout le problème de la façon suivante :

1° A chaque circonscription électorale il assigne un nombre de représentants proportionnel *au chiffre de sa population*. C'est l'application pure et simple de la règle actuellement suivie : elle consacre le droit de *l'individu* ;

2° Il classe ensuite tous les électeurs par *groupes professionnels*, et répartit *entre ces groupes*, dans la proportion de leur *importance relative*, le nombre de représentants préalablement assigné à la circonscription. Là gît l'innovation capitale : en solidarisant les intérêts de même espèce, elle leur assure une puissance considérable et relègue à l'arrière-plan les visées de la politique pure;

3° Enfin il interdit à chaque groupe corporatif de choisir ses représentants ailleurs que dans ses *propres rangs* : c'est l'élimination des professionnels de la politique, rhéteurs modernes sans compétences déterminées mais y suppléant par une faconde toujours prête à combattre et à soutenir les thèses les plus contradictoires, avec d'autant plus de désinvolture qu'ils n'ont nulle part d'intérêts personnels engagés.

Quelque opinion que l'on conçoive d'un tel régime appliqué à la France, on ne saurait nier qu'il ne soit propre à favoriser considérablement les intérêts économiques. A ce titre, il nous paraît si bien adapté aux besoins des colonies que nous n'hésiterons pas à en préconiser l'intégrale application. Au cas où notre proposition serait jugée trop révolutionnaire, nous insisterons du moins, en vue de réduire l'action dissolvante de la politique pure, pour que la représentation des colons français au conseil colonial n'émanât pas *entièrement* du suffrage universel direct : la moitié des sièges serait plus utilement occupée par les délégués des chambres de commerce et des sociétés d'agriculture, interprètes naturels des véritables intérêts coloniaux.

La représentation des indigènes constitue un problème beaucoup plus délicat. Bien que nous ayons, dans la première partie de cet ouvrage, signalé le danger de toutes mesures acheminant vers l'assimilation politique des autochthones, nous serions disposé toutefois à leur laisser librement élire leurs mandataires au sein des conseils coloniaux, si à cette solution ne s'opposaient des obstacles de plus d'un genre. Pour doter un peuple des bienfaits d'un système représentatif basé sur l'élection, il faut d'abord que ce peuple soit capable d'en saisir le jeu et la portée ; il faut ensuite qu'il veuille s'en servir ; il faut enfin qu'il réunisse les conditions indispensables pour le faire utilement. Or tout homme d'expérience est bien obligé de reconnaître que, parmi les primitifs, bien rares sont les personnalités possédant les aptitudes requises. Les populations les plus arriérées de nos provinces françaises, préparées d'ailleurs par les affinités ataviques, ont subi à leur insu l'influence des idées ambiantes. Les esclaves libérés de nos anciennes possessions, déracinés du milieu ancestral et intimement mêlés par la servitude même à l'existence de leurs maîtres, ont puisé dans cette cohabitation une lente et progressive initiation. Aucune pénétration de ce genre n'a entamé le bloc des races barbares trouvées sur le sol de nos colonies ; leur bagage intellectuel se compose uniquement des idées spontanément écloses dans leurs cerveaux, et il se trouve que ces idées sont, dans le cas qui nous occupe, diamétralement opposées à nos conceptions occidentales. Toutes les abstractions qui forment le fond de notre langue politique, (souveraineté, représentation, garanties, pondération, responsabilité) leur sont tellement étrangères que leurs idiômes sont impuissants à les exprimer. Tandis que, chez nous, toute la société est fondée sur le droit de *l'individu*, que tout concourt à prémunir, chez elles, l'individu est absorbé et annihilé par une collectivité étroite et jalouse abdiquant toute sa puissance entre les mains d'un despotisme patriarcal, féodal ou théocratique ; à leurs yeux, le gouvernement n'est donc pas une délégation devant être exercée au profit de tous, c'est une prérogative personnelle attachée soit à l'âge, soit à la naissance, soit au sacerdoce. Il en résulte que toute tentative en vue de la limiter est toujours un attentat, souvent un sacrilège. La prétendue liberté de quelques peuplades qui, comme les Kabyles, semblent faire exception à cette règle, n'a été le plus souvent qu'une anarchie sauvage et violente. D'autre part, nos institutions représentatives reposent sur la notion de l'existence d'un *intérêt général* et les primitifs, confinés dans les limites étroites de la vie de tribu, ne conçoivent rien au delà des *intérêts particuliers*. De quelque mandat qu'on l'investisse, un être humain, à leurs yeux, ne saurait s'inquiéter que de son avantage et de celui des siens : cette conviction (d'ailleurs rarement démentie par la conduite de leurs compatriotes) achève d'inspirer à tous le plus complet dédain de nos institutions représentatives. Dans l'état actuel des esprits, ce sentiment ne pourrait s'effacer que devant la constatation des profits matériels que l'élection peut procurer à l'élu ; mais alors il est à craindre qu'à l'apathie actuelle ne succède une concurrence effrénée, faisant appel à la violence et à la corruption et aboutissant à un système lamentable d'élections corses doublées d'élections juives. Une telle situation, nous aimons à le croire, n'est pas définitive : on doit espérer qu'avec le temps la pénétration des masses indigènes par l'élément européen y produira une évolution susceptible de créer en elle les éléments d'un corps électoral. Mais, pour le moment, ces éléments n'existent dans aucune de nos grandes colonies. Il s'ensuit que provisoirement du moins les représentants des indigènes au sein des conseils coloniaux ne peuvent qu'être laissés à la désignation du gouverneur, *sauf à spécifier les catégories de notabilités* dans lesquelles devra se mouvoir son choix.

En outre des contrôles officiels, tous les gouvernements modernes ont à subir celui d'une redoutable puissance, sans autre mandat que celui qu'il lui a plu de s'arroger, sans autre contrepoids que celui d'une opinion publique formée par elle-même à son image et à sa ressemblance : cette puissance, c'est la presse. Il n'entre pas dans notre cadre de rechercher dans quelle mesure l'universalité de ses compétences, la pureté de son désintéressement et l'importance de ses services légitiment les pouvoirs qu'elle s'attribue. Il nous suffit d'examiner si, dans les colonies, l'intérêt supérieur de la patrie ne commande pas de la soumettre à un régime particulier. Un des facteurs les plus efficaces et les plus économiques de la puissance d'un Gouvernement est l'autorité morale dont-il jouit. A ce point de vue, les gouvernements coloniaux se trouvent vis-à-vis des populations indigènes dans une situation privilégiée : chez tous les primitifs en effet les traditions anciennes revêtent les détenteurs du commandement d'une sorte de caractère sacré dont ne les dépouille même pas la qualité d'étrangers et de conquérants. L'influence des mœurs à cet égard domine le défiances et les rancunes ; En tous cas, la crainte superstitieuse des moyens d'action dont disposent les peuples civilisés compense la diminution du degré de soumission volontaire qui aurait pu se produire. Un tel sentiment est d'une importance telle pour les nations colonisatrices qu'elles seraient inexcusables de le laisser amoindrir : lui seul permet aux explorateurs de se lancer impunément, à corps perdu, au milieu des populations les plus sauvages et aux fonctionnaires coloniaux d'obtenir, avec l'assistance d'un poignée d'auxiliaires plus ou moins sûrs, l'obéissance d'immenses régions. Toute diminution de cette autorité morale ne pourrait être compensée que par une augmentation correspondante de force matérielle, c'est-à-dire qu'au prix d'une aggravation considérable des charges d'occupation : encore ne serait-on pas certain d'obtenir un égal résultat. De cet aperçu il résulte que la presse coloniale ne saurait être laissée libre d'exercer sur nos sujets une action susceptible d'aggraver nos difficultés. Nous ne prétendons nullement lui interdire la critique *sérieuse et motivée* de l'administration ; ce que nous condamnons, ce sont ces campagnes violentes, si chères aux feuilles coloniales, inspirées par des rancunes personnelles ou des calculs inavoués, où les arguments sont remplacés par les injures et les sarcasmes et dont le seul but est de discréditer ou d'intimider les fonctionnaires rebelles aux louches compromissions. De tels spectacles sont pernicieux, quand ils ont pour témoins les peuples assujettis. Nos distinctions entre la personne du fonctionnaire et sa fonction sont d'incompréhensibles subtilités aux yeux des primitifs, incapables de séparer l'autorité de l'agent qui l'incarne. Leur logique simpliste se pose le dilemne suivant : « ou bien la personnalité incriminée est coupable, et alors le gouvernement « doit la destituer et la punir ; ou bien elle est innocente, « et alors, pour laisser ainsi vilipender ses membres, il « faut que la puissance gouvernementale ne soit qu'une « illusion ou qu'elle soit paralysée par une inconcevable « lâcheté ! » Dans les deux hypothèses, c'en est fait du du prestige du pouvoir. Si de tels effets ne se font pas encore trop manifestement sentir, c'est que la presque totalité de nos sujets sont encore des illettrés et que les campagnes de presse ne parviennent que rarement jusqu'à eux ; mais, avec la diffusion de l'instruction que notre politique s'efforce de réaliser, on ne tardera pas à reconnaître ce qu'il en coûte, en matière coloniale, de laisser ruiner le prestige des représentants de la nation dominatrice. Pour parer à ce danger, il faut, dans nos possessions extra-européennes, non pas restreindre la liberté de la presse, mais réprimer ses abus : à cet effet. sans porter atteinte au droit de sérieuse critique, faire de la *violence et de l'injure* envers les représentants de l'autorité un *délit spécial*, qui devra *toujours être poursuivi d'office*, et charger les *tribunaux correctionnels* du soin de le sévèrement punir. L'inamovibilité, que nous sommes disposé à reconnaître à la magistrature coloniale, assurera une entière garantie de son indépendance et la saine liberté ne pourra que gagner à se voir libérée de toutes compromissions avec sa contrefaçon, la licence.

VIII

Des colonies auxquelles doit s'appliquer le régime ci-dessus préconisé.

La raison générale d'où procède toute l'économie du système d'administration intérieure que nous venons de définir étant la nécessité de maintenir un juste équilibre entre les diverses races juxtaposées, il semble que toutes nos colonies à populations mixtes devraient y être soumises ; or, comme nous n'en possédons aucune qui ne présente ce caractère, logiquement la règle ne devrait pas comporter d'exception. Toutefois, en raison de leur minime importance, le maintien de leur situation privilégiées à nos anciennes possessions des Antilles, de la Réunion et des Indes n'entraînerait, selon nous, que d'assez faibles inconvénients. Mais il n'en serait pas de même pour nos grandes colonies : Algérie, Tunisie, Afrique occidentale, Indo-Chine et Madagascar : l'importance des populations assujetties y est telle qu'il est impossible tout à la fois et de leur conférer des droits de souveraineté et de les sacrifier aux intérêts exclusifs de la race immigrante.

En ce qui concerne l'Algérie, il faut s'attendre à ce que toute réforme profonde du régime actuel soulève des récriminations : tout un parti ne manquera pas d'invoquer les immortels principes (de la falsification desquels il profite), sa fidélité à la cause républicaine, notamment la théorie des droits acquis. Peut-être même essaiera-t-on d'évoquer le tableau saisissant de notre population française s'apprêtant à une exode générale plutôt que de se résigner à l'amoindrissement apparent de ses droits électoraux. Mais derrière la bruyante phalange des politiciens il faut voir la foule silencieuse des travailleurs et bien se garder de les confondre. Celle-ci envisagera les choses avec beaucoup plus de froideur : car l'expérience du système assimilateur lui a révélé toute son inanité. Les vrais colons (ceux qui visent un autre but que l'obtention de secours et l'extension de domaines à louer aux indigènes) ont constaté que la politique n'avait jamais enrichi que de rares meneurs et qu'en revanche elle avait abouti à l'accroissement des charges de la masse laborieuse et au discrédit universel. Elle a comparé la prospérité Tunisienne au marasme Algérien et elle a compris qu'entre des régions absolument identiques comme sol, comme populations et comme climat, la différence des résultats obtenus ne pouvait être imputée qu'à la différence des régimes administratifs. C'est pourquoi nous sommes convaincu que le jour inévitable où l'on arrivera à soumettre l'Algérie au système que la logique de sa situation impose, le summum d'agitation qui puisse se produire se réduira à quelque inoffensive manifestation de chapeaux gris, montée par la camarilla qui demande à la politique le plus clair de ses moyens d'existence. L'immense majorité verra avec une profonde satisfaction l'avènement de tout régime nouveau, pourvu qu'il soit spécialement organisé en vue de la prospérité des intérêts économiques. Or celui que nous préconisons offre justement ce caractère. Pour qu'il soit efficace, il suffit qu'il ne se trouve jamais paralysé par l'abus des ingérences métropolitaines. La *fixation des limites* à établir entre *l'intervention légitime et l'intrusion tracassière* va faire l'objet de la fin de cette étude.

QUATRIÈME PARTIE

Rapports entre les colonies et la métropole.

Voilà donc résolu dans ses grandes lignes le problème de l'administration intérieure des colonies. Mais, par cela même que notre solution est basée sur le principe de leur subordination à la métropole, il devient nécessaire de déterminer dans quelle mesure et sous quelles formes s'exercera la prédominance du pouvoir central, délégateur, sur le pouvoir colonial, délégué du premier. A cet effet, nous allons étudier les principaux aspects sous lesquels se présentent les rapports nécessaires entre la mère patrie et ses possessions. Ils nous paraissent être au nombre de quatre, savoir :

1° *Rapports administratifs.*— Quelle limite sera tracée entre la sphère d'action des gouverneurs locaux et celle du gouvernement central ?... Comment sera organisé ce dernier ?...

2° *Rapports financiers.* — A qui profiteront les impôts payés par les colonies ?... Quelle autorité, coloniale ou métropolitaine, en aura la gestion ?... Sous quelle forme la reversibilité des charges subies s'opérera-t-elle au profit des contribuables coloniaux?....

3° *Rapports douaniers.* — Les colonies seront-elles soumises au régime libre-échangiste, ou prohibitionniste ou simplement protectionniste?... Seront-elles régies par les traités généraux passés entre la France et les diverses nations ou jouiront-elles à cet égard de situations autonomes?...

4° *Enfin rapports politiques.* — Les colonies seront-elles régies par le régime des lois ou par celui des décrets?... Comment seront garantis dans l'élaboration des lois coloniales, d'une part, les intérêts des colonies et, d'autre part, les droits du parlement national?...

I

Détermination des rôles respectifs des gouverneurs coloniaux et du gouvernement central. — Ministère dont doivent dépendre les colonies.

Tout ce que nous avons exposé jusqu'ici sur l'œuvre colonisatrice a dû faire comprendre à quel point elle est délicate et ardue : il doit être devenu évident pour tous qu'il est impossible d'en assumer raisonnablement la responsabilité, sans se voir investi en même temps de l'initiative la plus large et de l'indépendance la plus absolue quant au choix des moyens. Tout contrôle maladroit, qui sans cesse se substitue à l'action, la décourage et la paralyse. Il suggère fatalement l'idée que l'inertie est l'attitude prêtant le moins à la critique et que la sagesse consiste, quand on n'est pas libre d'agir selon ce qu'on croit le mieux, à abdiquer tout autre souci que celui des émoluments. Mais, comme il faut déguiser cette inertie systématique, on la dérobe sous la multiplicité des formalités paperassières, de sorte que le travail apparent (et avec lui les dépenses d'administration), augmente d'autant plus que le travail utile (la solution qui tranche) est évité avec le plus de soin. Pour rester salutaire, la surveillance doit planer de haut, se garder des jugements précipités, laisser aux conséquences des actes le temps de se dessiner, n'intervenir enfin qu'en cas de fautes graves ou d'erreurs à la fois dangereuses et manifestes. Pour donner à notre pensée une forme plus claire et plus saisissante, supposons le cas d'un gouverneur central recevant, avant de prendre possession de son poste, les instructions du représentant du gouvernement central ! Voici, selon nous, quel devrait être le sens général de ce discours :

« Monsieur le gouverneur, le gouvernement de la « République française vous a confié la gestion d'une « partie importante de son domaine d'outre-mer. Vous « n'ignorez pas que la tâche est difficile, car c'est juste- « ment votre expérience de ces questions qui vous a « désigné à mon choix. Vous allez avoir d'abord à « *consolider* par des institutions appropriées la *pacifica-* « *tion* réalisée par nos armes, à faire la *conquête morale* « des populations assujetties, à introduire au milieu « d'elles une *colonisation française* réunissant les condi- « tions nécessaires pour vivre et prospérer, enfin à

« faire régner entre ces races diverses *l'harmonie*, au-
« tant qu'il se peut, et, dans tous les cas, la *justice* :
« Voilà le premier objectif à atteindre !

« Il ne constitue toutefois qu'un moyen ; le *but*, c'est
« la création pour nos industries nationales de *débou-
« chés consommateurs*. Il vous faudra donc, par dessus
« tout, favoriser de toutes vos forces la consommation
« de nos produits métropolitains et, à cet effet, leur
« ouvrir le plus rapidement possible accès partout, tant
« par l'amélioration des *ports et voies fluviales* que par
« l'ouverture de *voies terrestres* ÉCONOMIQUEMENT UTILI-
« SABLES. Mais ces procédés resteraient insuffisants, si
« les populations consommatrices continuaient à ne
« jouir que d'une faible puissance d'achat ; il importe
« de multiplier cette puissance *en les enrichissant*. Dans
« ce but, vous aurez à faciliter *la circulation et l'ex-
« portation* des produits actuels de votre colonie, puis
« à en *provoquer l'accroissement*, ensuite à *favoriser
« l'introduction d'industries nouvelles* non susceptibles
« de dangereusement concurrencer les nôtres, enfin à
« faire *mettre en valeur les nombreuses richesses vir-
« tuelles* contenues dans l'étendue de votre gouverne-
« ment. Telles sont les grandes lignes du programme
« que vous avez à suivre.

« Comme moyens d'action, il vous faut deux choses :
« de *l'argent et de bons auxiliaires*. La situation budgé-
« taire de la métropole ne lui permet de prélever sur
« ses recettes particulières qu'une assez faible partie de
« ce qu'exige une telle entreprise : c'est surtout sur les
« *ressources propres de votre colonie* qu'il vous faudra

« compter ; il y aura donc lieu *d'organiser ses finances* « et peu à peu d'en *augmenter le rendement*. Cette « augmentation peut sortir de sources diverses ; de *l'ex-* « *ploitation ou de l'amodiation de vos mines et forêts*, « *de l'aliénation de vos terres concessibles*, de *l'accrois-* « *sement du nombre et de l'importance des matières im-* « *posables ;* mais vous agirez prudemment en ne sui- « vant que d'un peu loin le développement de la ri- « chesse générale, l'imposition prématurée de charges « trop lourdes exposant gravement l'organisme des « pays en formation. Quant à vos *auxiliaires européens*, « c'est *moi* qui, dans les *cadres supérieurs*, me charge « de vous les fournir et seulement *dans la mesure où* « *vous me les demanderez* ; car vous seul serez en situa- « tion d'apprécier l'importance des concours qui vous « paraîtront tout à la fois *nécessaires et compatibles avec* « *vos ressources financières*. Les collaborateurs que j'au- « rai à vous procurer sont de deux sortes : 1° les fonc- « tionnaires formés, comme vous, par l'école d'adminis- « tration coloniale, dont la valeur et la compétence « vous sont bien connues ; 2° les directeurs de vos ser- « vices auxiliaires, détachés des administrations simi- « laires de la métropole. Les uns comme les autres, « tant qu'ils serviront dans votre colonie, n'auront *rien* « *à craindre ni à espérer* QUE DE VOUS SEUL : ni avance- « ments, ni faveurs, ni disgrâces ne seront dispensés en « dehors de vos propositions et, indépendamment de « toute mesure disciplinaire, il vous sera toujours loi- « sible de *remettre à ma disposition* tout agent *détaché* « dont la manière de servir ne vous agréerait point ;

« par cela même que toute la *responsabilité* retombera « sur *vous seul*, il est nécessaire que nulle influence que « la vôtre n'ait d'action sur vos collaborateurs.

« Vous connaissez votre but et vos moyens d'action : « à vous de choisir les voies et procédés. Homme poli- « tique, je n'ai ni le temps, ni les compétences spéciales « nécessaires pour juger par le détail de ce qui convient « à chacune des colonies dont la France m'a confié la « haute direction : je n'ai donc *pas de système à vous* « *imposer*. Vous même adopterez celui que votre expé- « rience et les circonstances vous feront considérer « comme le meilleur. Jamais mon ingérence ne pèsera « sur votre initiative ; votre activité pourra toujours « s'exercer librement et sans obstacles, *dans les limites* « *fixées par les lois* de votre colonie. Encore cette der- « nière restriction n'est-elle que relative, puisque vous « jouirez du droit de proposer, par mon intermédiaire, « à l'autorité compétente toute revision législative.

« Mais, par cela même que je dois répondre de vos « actes devant le Parlement national, il est logique que « vous en *répondiez vous-même vis-à-visde moi*. En vous « laissant toute lattitude, je ne vous impose qu'une « *seule obligation* : celle de *réussir* à atteindre le but « proposé à vos efforts. J'ai le droit et le devoir de « m'assurer que vous la remplirez. Je vous préviens « donc que tous vos actes seront soumis à une surveil- « lance discrète mais attentive, appéciés et jugés. Tant « que votre administration me paraîtra *correcte* et *diri-* « *gée vers l'objectif poursuivi*, mon approbation vous « soutiendra envers et contre tous ; si vous me parais-

« sez faire fausse route, je vous signalerai votre erreur ; « si enfin vous y persévérez ou vous embourbez dans « des routines stériles, je vous retirerai vos hautes fonc- « tions pour les remettre à d'autres mains. Votre res- « ponsabilité est le corollaire nécessaire de votre liberté « d'action, comme celle-ci est la condition *sine quâ non* « de votre réussite ».

Ce langage, que nous prêtons au représentant du gouvernement central, doit avoir fait comprendre la nature des rapports que nous voudrions voir établir entre lui et ses gouverneurs. Pour nous, ces derniers ne peuvent réaliser besogne utile qu'à la condition d'être investis d'une sorte de *mandat très large* leur assignant simplement un but à atteindre, déterminant les *moyens d'action* mis à leur service et leur laissant *pour le surplus toute latitude,* sous cette seule réserve : qu'ils justifieront *de bons résultats.* Quand un propriétaire, voulant construire une maison, a fait choix d'un architecte, il arrête d'accord avec lui les plans et devis de la future construction, met à sa disposition la somme d'argent reconnue nécessaire, puis le laisse libre d'agir. On ne le voit point s'immiscer dans tous les détails de l'œuvre : l'architecte ne pourrait le souffrir qu'en déclinant toute responsabilité des conséquences. La situation qui nous occupe est absolument identique. Nos gouvernements métropolitains, faits et défaits par la politique parlementaire, n'ont ni la compétence ni la durée indispensables pour diriger personnellement l'administration *intérieure* des colonies. Leurs bureaux, au point de vue des connaissances spéciales, ne présentent pas de garanties beaucoup plus sérieuses ; parviendraient-ils à les acquérir, leur irresponsabilité, de quelque fiction constitutionnelle qu'elle se couvre, leur enlève logiquement tout droit à la direction effective. Seule, l'institution des gouverneurs généraux peut réunir à la fois *la compétence et la responsabilité :* c'est pourquoi le gouvernement central, sous aucun prétexte, ne doit entraver l'action que son inaptitude personnelle l'oblige à déléguer.

Nous n'ignorons pas qu'en *fait* la compétence a souvent fait défaut aux nouveaux gouverneurs ; nous l'avons même vivement déploré dans le titre III de la troisième partie du présent ouvrage. Cette lacune est une conséquence très fâcheuse du défaut actuel d'organisation de notre administration coloniale et elle disparaîtra, quand il aura été pourvu à cette nécessité. Mais, en tous cas, ce n'est pas dans la tutelle étroite de bureaux quelconques que le mal trouverait son remède. Si regrettable qu'elle soit, l'ignorance initiale de gouverneurs non préparés, mais toujours choisis dans une élite intellectuelle, n'est que transitoire, tandis que la stérilité des puissances bureaucratiques est éternelle.

En résumé, ce qu'il faut, c'est qu'en aucune circonstance les gouverneurs n'aient besoin, pour agir, de provoquer et d'attendre des instructions et des autorisations : ils doivent puiser dans leur responsabilité le droit de décider de toutes choses, sauf obligation, dans les cas importants, de rendre compte des résolutions prises à l'autorité d'où ils émanent. L'acquiescement ou le blâme de celle-ci pourront constituer d'utiles avertissements pour le règlement des affaires futures, mais elles ne doivent pas influer sur la validité des décisions rendues ; dans les pays neufs, où tout est à faire, la rapidité de l'expédition des affaires est le plus impérieux des besoins.

Cette détermination du rôle des gouverneurs coloniaux délimite *a contrario* celui du gouvernement central ; logiquement voici donc le champ dans lequel doit se mouvoir l'action de ce dernier.

1° Il nomme et révoque les gouverneurs et leur trace une ligne de conduite générale ;

2° Il leur fournit, comme collaborateurs, les fonctionnaires supérieurs de tous les services et statue sur les propositions d'avancement ou de révocation les concernant ;

3° Il notifie aux gouvernements locaux l'ouverture des crédits dont ils pourront disposer et met ou laisse à leur disposition les ressources correspondantes ;

4° Il contrôle l'administration intérieure des colonies au moyen : des comptes rendus fournis par les gouverneurs, des procès-verbaux des délibérations prises par les conseils locaux, des rapports établis par les inspecteurs coloniaux ;

5° Il représente les colonies devant le Parlement national et couvre leur gouvernement de sa responsabilité constitutionnelle ;

6° Enfin il transmet à la puissance législatrice, après discussion au sein des conseils coloniaux et avec son avis personnel, toutes propositions tendant à la revision des législations coloniales.

La réserve ci-dessus faite au profit du gouvernement central du droit de statuer sur l'avancement du personnel supérieur n'est pas, comme on pourrait se trouver tenté de le croire, en contradiction avec la nécessité ci-dessus admise de toujours respecter les jugements portés sur la valeur respective de leurs collaborateurs par les chefs responsables des colonies. Nous avons antérieurement posé, pour toute l'administration coloniale sur quelque point qu'elle fonctionne, le principe de *l'unité des cadres*; dès lors le pouvoir central se trouve seul en situation d'évaluer le mérite relatif des fonctionnaires des mêmes services répartis dans toute l'étendue de notre empire colonial. Sa liberté d'appréciation reste donc très grande : elle lui permet d'ajourner tout ou partie des propositions faites par chaque gouverneur ou de puiser indistinctement dans chacune d'elles. La seule chose à interdire, c'est l'introduction de candidatures non proposées ou l'intervertissement *sur une même liste* des rangs de présentation, car de tels agissements ne manqueraient pas d'amoindrir l'autorité indispensable aux chefs des colonies sur leurs subordonnés.

Jusqu'ici nous avons considéré à dessein le gouvernement métropolitain comme une abstraction indéterminée. Le moment nous paraît venu de préciser davantage et de décider à quelle autorité centrale l'administration des colonies doit être directement soumise.

La situation actuelle exprime admirablement le caractère fortuit de nos acquisitions d'outre-mer ; parmi elles, l'une dépend du ministère de l'intérieur (Algérie), une autre du ministère des affaires étrangères (Tunisie), et les autres du ministère des colonies. Elles rappellent ces enfants dont la naissance est pour les parents une surprise : rien n'est prêt pour les recevoir, ce qui fait qu'on les habille et les case, comme on peut, à la hâte, de son mieux, mais en somme plutôt mal que bien. En ce qui concerne la Tunisie, la solution provisoirement adoptée se justifiait pourtant par la situation exceptionnellement délicate résultant, au point de vue international, des traités en vigueur ; mais la condition particulière faite à l'Algérie n'est explicable (abstraction faite des influences intéressées qui s'en sont faites les instigatrices) que par la naïveté des illusions assimilatrices s'imaginant que, pour parvenir à un but, il suffit d'établir les institutions qui le supposent déjà atteint. Quoi qu'il en soit, aujourd'hui la diplomatie a résolu les difficultés tunisiennes et l'expérience a fait justice, en Algérie, de l'utopie pseudo-assimilatrice : il est donc temps d'adopter des solutions rationnelles et définitives. Nous avons antérieurement démontré l'absurdité du système des rattachements aux divers ministères, lorsqu'il est appliqué à l'administration *intérieure* des colonies ; son application *au contrôle de gouvernements autonomes* ne serait pas moins déraisonnable, car, entre les divers pouvoirs contrôleurs, surgiraient fatalement des divergences de vues et d'appréciations, qui rendraient intenable la situation du pouvoir contrôlé. Il est indispensable que la haute direction soit remise à une autorité, non seulement *unique*, mais encore *soustraite à toutes préoccupations d'ordres différents* : ce n'est qu'à cette condition que les affaires coloniales cesseront d'être considérées comme un accessoire qu'on néglige, pour paraître ce qu'elles sont en réalité, c'est-à-dire un intérêt primordial digne d'absorber toute l'intelligence et toute l'activité d'un homme d'Etat. Cette *unité* et cette *spécialisation* dans le gouvernement supérieur de notre empire colonial ne peuvent se rencontrer que dans un seul ministère : celui *des colonies*. C'est donc à lui seul que doivent être subordonnées toutes nos possessions d'outre-mer.

Sous un gouvernement parlementaire plus que sous tout autre, la compétence et l'organisation des bureaux ministériels offrent une importance considérable : car ils représentent l'esprit de suite et de tradition destiné à éclairer l'inexpérience de ministres forcément transitoires et à amortir les soubresauts trop brusques que pourraient produire leurs façons diverses d'envisager les choses. Déjà précédemment (3e partie, titre III), nous avons indiqué comment nous entendons assurer aux bureaux du ministère des colonies la compétence : c'est en en réservant la direction exclusivement à des hommes formés, au sein même de nos possessions, par l'exercice prolongé des fonctions actives. Pour bénéficier pleinement des connaissances spéciales de chacun d'eux, il convient donc d'organiser les bureaux *par colonie*, avec (bien entendu) toutes subdivisions nécessaires; l'autre système, l'organisation par nature d'affaires *prétendues* similaires, qui permet aux ignorances de substituer les solutions systématiques aux solutions expérimentales, entraînerait fatalement ces généralisations erronées dont nous avons déjà signalé les dangers. Les différences que présentent entre elles nos possessions sont assez profondes pour que les affaires de chacune doivent être étudiées en elles-mêmes et non tranchées d'après de plus ou moins lointaines analogies.

Pour rester utile, l'influence des bureaux doit être enfermée dans de sages limites. Or toute bureaucratie est par essence accapareuse : elle accapare par instinct, d'abord pour mieux justifier son existence, puis indéfiniment par égoïsme collectif pour accroître son importance. C'est ainsi que certaines de nos administrations centrales en sont arrivées à des états d'hypertrophie morbide tels que des essaims parasites peuvent vivre dans les profondeurs de leurs tissus, sans qu'elles semblent s'apercevoir de leur présence. Mais, comme la portée de leur rôle utile est limitée, tout empiètement au-delà de ces limites ne peut se produire qu'aux dépens des services subordonnés. Il en résulte que, dans la machine gouvernementale, les bureaux ministériels, qui représentent normalement les freins modérateurs, acquièrent une puissance telle qu'ils finissent par arrêter tout mouvement. A cet inconvénient s'en ajoute un autre, non moins grave : devant la complexité d'un tel organisme à plaisir amplifié au-delà de toute mesure, nos ministres temporaires désespèrent trop souvent d'en démêler tous les rouages et, se résignant à l'ombre du pouvoir, ils en laissent à la foule anonyme de leurs prétendus auxiliaires toute la réalité. Ces abus, regrettables partout, le seraient plus particulièrement dans un ministère tel que celui des colonies, dont le rôle essentiel est d'aiguillonner les activités et non de les ralentir.

C'est pourquoi il importe plus encore qu'ailleurs d'y maintenir strictement les bureaux dans leurs fonctions normales, toutes de haute direction et de contrôle. Le seul moyen peut-être d'y réussir est de limiter suffisamment l'importance numérique de leurs membres pour que l'activité de tous trouve son plein emploi dans l'exercice de ses attributions légitimes. Nous désirons donc, pour le ministère des colonies, des bureaux *peu nombreux*, organisés *par colonie* et dirigés exclusivement par des hommes d'une *compétence pratique éprouvée*.

II

Rapports financiers. — A qui doivent profiter les impôts et ressources diverses fournis par les colonies ? — Quelle autorité, coloniale ou métropolitaine, en aura la gestion ? — Sous quelle forme la reversibilité des charges subies s'opérera-t-elle au profit des contribuables coloniaux ? — Autonomie financière.

Nous avons précédemment établi que le capital est pour les colons un élément de réussite indispensable. L'importance de la question financière n'est pas moindre pour les gouvernements coloniaux. La raison en est bien simple : c'est que l'œuvre poursuivie par la puissance publique, comme celle poursuivie par les particuliers, est également, dans une sphère plus large, une œuvre de transformation et de mise en valeur. Théoriquement les moyens d'action nécessaires peuvent venir, soit de la colonie elle-même, soit de la métropole ; mais en fait les plaintes sur la cherté des occupations lointaines dont, chaque année lors de la discussion des budgets, retentit la tribune parlementaire indique assez qu'il y a peu à puiser dans cette dernière source. Pour les représentants de la métropole, en effet, les colonies doivent, non seulement ne rien coûter, mais même rapporter des bénéfices. Cette opinion est en somme légitime : l'effort et les sacrifices de la conquête n'auraient eu aucune raison d'être sans l'espoir d'avantages rémunérateurs. Mais encore faut-il s'entendre sur la nature de la rémunération.

A nos yeux, elle ne peut consister *uniquement qu'en l'accroissement de nos débouchés commerciaux* et dans les heureuses conséquences devant en résulter : augmentation du trafic, assurance et régularisation du travail national, prospérité des industries, extension de la marine, ouverture de voies nouvelles aux capitaux et aux activités sans emploi, en un mot développement de notre puissance matérielle et morale dans le monde. De tels résultats sont assez brillants par eux-mêmes pour que la sagesse interdise de les compromettre par de maladroites avidités. Or justement il nous semble voir poindre un danger de cette nature dans certaines tendances parlementaires à considérer les impôts coloniaux comme des appoints naturellement destinés à combler les déficits du budget métropolitain. Une telle prétention n'aboutirait à rien moins qu'à l'avortement des larges espérances que nous venons d'esquisser. Les colonies en effet ne peuvent devenir un champ productif de consommation que par leur propre enrichissement, qui lui-même ne peut résulter que de leur mise en valeur; or pour l'accomplissement d'une telle œuvre la *totalité de leurs ressources* ne constitue qu'un minimum indispensable : l'évaluation comparative de ce qu'a coûté l'outillage économique des pays civilisés démontre surabondamment cette vérité. Dépouiller les colonies de tout ou partie du fruit de leurs sacrifices, sans parler des dangers politiques d'une telle spoliation, aboutirait donc à tuer dans l'œuf leur prospérité future, sans assurer même dans le présent un bien sérieux appoint aux finances métropolitaines. La spéculation serait donc non moins fausse qu'inique.

Nous nous empressons de reconnaître que cette dangereuse conception jusqu'ici semble n'être encore qu'à l'état de velléité peut-être inconsciente. Pour le moment si le budget central absorbe l'intégralité des recettes des colonies, ce n'est en principe qu'à titre de dépôt et la France prétend leur rendre sous forme d'ouvertures de crédit des valeurs au moins égales, souvent supérieures aux sommes encaissées. Il semble effectivement qu'il en ait été jusqu'à présent ainsi ; néanmoins la situation, noyée dans la complexité de l'énorme budget métropolitain, ne ressort pas d'une façon assez claire pour que la grande masse des coloniaux s'en trouve convaincue. Même chez ceux qui s'en rendent compte, cette reconnaissance n'empêche pas de sérieuses appréhensions pour l'avenir. Rien en effet ne leur assure que cette règle d'équité sera toujours suivie et que, sous la pression des circonstances, leurs légitimes intérêts ne seront pas de plus en plus négligés et sacrifiés. Cette arrière pensée crée entre les parties en présence un courant réciproque de défiances; dans toute aggravation fiscale l'une voit l'intention d'arriver à l'exploiter, et l'autre considère comme une injuste et singulière prétention cette répugnance à en subir.

Mais ce malentendu n'est qu'un des moindres inconvénients du système ; les colonies lui reprochent surtout d'être en lui-même le plus insurmontable obstacle à leur prospérité. Quelques droits qu'on leur reconnaisse, quelque autonomie qu'on leur accorde en matière administrative, tout, d'après elles, ne peut que rester illusoire, si la métropole continue à rester la seule dispensatrice de l'argent, c'est-à-dire du moyen d'action qui renferme en lui tous les autres. Il faut reconnaître que les méthodes financières appliquées dans nos possessions par le gouvernement central justifient quelque peu ce sentiment; en cette matière encore, notre incorrigible manie unitaire et généralisatrice a produit ses ordinaires effets. *En France*, où tout est fondé et organisé depuis des siècles, il n'y a plus qu'à entretenir et à progressivement transformer: dans ce but, l'ouverture de *crédits annuels* destinés à faire face aux besoins au fur et à mesure qu'ils se produisent est une *façon rationnelle* d'opérer. *Dans les colonies*, au contraire, *tout est à créer*, ports, canaux, routes, chemins de fer, télégraphes, installations administratives; tout cela constitue des œuvres de longue haleine sans doute, mais qui, pour être menées à bien, doivent être dès le début *conçues avec des vues d'ensemble*, conduites toujours *avec un indéviable esprit de suite* et, par conséquent, *basées sur la connaissance exacte des ressources* qu'on pourra leur consacrer. Or cette différence fondamentale des situations n'a pas été comprise : les colonies, comme les services métropolitains, reçoivent annuellement des allocations infimes relativement à l'importance de l'œuvre et dont rien ne leur garantit même la reproduction dans les budgets à venir. L'incertitude absolue des moyens s'ajoute donc à leur insuffisance. Ce système des petits paquets, que l'expérience a si tristement condamné en matière militaire, n'est pas meilleur en matière financière. Non seulement il prolonge indéfiniment la période de fondation, par conséquent de stérilité, mais encore sa cherté égale sa lenteur. Les services coloniaux n'ont nul intérêt à procéder économiquement, du moment où les économies réalisées doivent, en fin d'exercice, retomber dans la masse commune : leur unique souci est donc d'épuiser, fût-ce par des gaspillages, la totalité des crédits ouverts. Réparties entre une multitude de besoins tous plus pressants les uns que les autres, les maigres allocations annuelles se fondent et se volatilisent, sans parvenir à rien réaliser que des embryons de choses : embryons de ports, se réduisant à quelques douzaines de blocs ajoutés, par intermittences, à des digues amorcées depuis plusieurs lustres et incapables pendant longtemps encore d'accroître la sécurité des navires ; embryons de routes et de voies ferrées perdues dans le vide, sans points d'aboutissement, interrompues par mille lacunes et coupures, indéfiniment inutilisables. Et, malgré leur stérilité, l'entretien de toutes ces ébauches, en raison même de leur inachèvement, est beaucoup plus coûteux que celui d'œuvres terminées et productives ; heureux encore quand une tempête de violence exceptionnelle n'anéantit pas complètement le résultat mal consolidé de plusieurs années de patience et d'efforts.

L'étroite tutelle financière exercée par la métropole sur les colonies n'a pas seulement eu pour résultats des gaspillages et d'interminables lenteurs ; il lui est arrivé quelquefois, par suite de la fausseté des vues adoptées et des errements suivis, de compromettre presque irrémédiablement les plus fondamentaux des intérêts. En voici un exemple. A l'Algérie, pour faciliter ses exportations et ses importations, il fallait surtout des lignes ferrées *de pénétration ;* il les lui fallait *nombreuses et étendues*, pour vivifier la plus grande partie possible de ses territoires ; il les lui fallait *d'un faible prix de revient*, pour qu'il fût possible de compenser, par le taux réduit des tarifs, l'énormité des parcours. Or la métropole y a tracé les réseaux les plus importants *parallèlement à la mer* ; elle les a construits *à voies larges*, sur le modèle de ceux appelés à desservir des régions à production intensive, et de plus les a surchargés d'une foule de superfluités : naturellement la longueur totale s'est trouvée réduite proportionnellement à la majoration du prix de revient. On pouvait obtenir pour presque rien tous les terrains nécessaires, l'accroissement des facilités d'exploitation devant largement compenser dans des pays généralement pauvres le prix normal du sol exproprié ; mais les conditions de garanties d'intérêts se trouvaient tellement avantageuses pour les compagnies concessionnaires qu'elles avaient profit à accroître les dépenses : aussi se sont-elles facilement laissé faire par les convoitises privées une douce violence pour leur allouer des indemnités dépassant parfois jusqu'à dix fois la valeur réelle de la propriété. La conséquence de cet ensemble de prodigalités a été, pour les particuliers, la nécessité de subir les tarifs presque prohibitifs imposés par des sociétés exploitantes n'ayant aucun intérêt au développement du trafic, et, pour les finances nationales, l'obligation de payer annuellement des différences énormes, hors de toutes proportions avec les résultats. Aussi, quand la métropole s'appuie sur ces chiffres pour imposer à l'Algérie de nouvelles taxes et lui marchander de plus en plus les moyens de développement, celle-ci a-t-elle quelque raison de protester. Si en effet l'affaire des chemins de fer algériens n'a été bonne que pour les compagnies concessionnaires, elle n'est pas moins mauvaise pour l'Algérie elle-même que pour la France, et la première peut ajouter à sa décharge que *ce n'est pas elle qui l'a engagée ni conduite*, mais le gouvernement métropolitain agissant dans la plénitude de son indépendance. Avec des moyens sensiblement moindres mis directement à sa disposition, la colonie intéressée affirme qu'elle se serait créé un réseau, certainement plus simple, mais beaucoup plus vaste, plus productif et très probablement susceptible de couvrir intégralement ses frais. Et rien n'autorise à sérieusement contredire cette affirmation.

La constatation de tous ces faits amène naturellement à penser que la tenue en tutelle des colonies n'est peut-être pas meilleure au point de vue financier qu'au point de vue administratif. Qu'a-t-elle produit en définitive ?... Un mécontentement général : métropolitains et coloniaux se plaignent avec une égale amertume, les uns de l'étendue des sacrifices et les autres de la pauvreté des résultats. Les premiers ont montré ce qu'ils pouvaient faire et à quel prix ; les seconds se prétendent capables de faire mieux, davantage et à meilleur compte. Pourquoi ne pas le leur laisser tenter ? La logique *a priori* milite en faveur de leur thèse : les affaires coloniales sont les leurs, ils y sont directement intéressés et intimement mêlés, aucune autre préoccupation n'en détourne leur attention ; il serait donc très naturel que ces affaires trouvassent chez les autorités locales une direction plus sagace, plus zélée, en somme plus efficace que la direction, toujours plus ou moins suspecte de distraction et d'incompétence, du pouvoir central. Un seul péril serait à craindre sous le régime actuel de confusion entre les recettes coloniales et les recettes métropolitaines, c'est que la préoccupation exclusive de leurs intérêts particuliers ne poussât les gouvernements coloniaux à tirer trop largement sur la caisse commune. Aussi, dans l'hypothèse de cette expérience nouvelle, le premier soin doit-il être de distinguer les ressources coloniales des ressources métropolitaines, les premières seules pouvant logiquement être laissées à la libre disposition des colonies. Ce régime, bien connu, se définit en deux mots : autonomie financière.

Par sa nature même, l'autonomie financière ne peut

manquer d'engendrer les heureux effets suivants : par la certitude qu'elle procure aux populations intéressées de profiter de l'intégralité de leurs sacrifices, elle les dispose à accepter plus facilement le maximum d'impôts raisonnablement supportable ; par la conscience qu'elle donne de l'étendue des moyens d'action disponibles, elle favorise, chez les gouvernements locaux, les initiatives fécondes et la recherche des combinaisons propres à faciliter la solution des problèmes posés ; enfin, combinée avec l'autonomie administrative telle que nous l'avons définie, elle permet, dans l'établissement des services publics, de suivre de près la situation des ressources et de subordonner le développement des uns à la progression des autres. L'organisation indigène dont, au temps de l'indépendance, les taxes locales suffisaient à assurer le fonctionnement, reste la pierre d'attente sur laquelle ne viendront s'appuyer qu'au fur et à mesure des possibilités les superpositions successives. Ainsi les institutions ne risqueront jamais de précéder les besoins ni conséquemment les dépenses de devancer de trop loin les recettes.

Toutefois, si tels devaient être les seuls effets de l'autonomie financière, elle ne constituerait encore, aux yeux des coloniaux eux-mêmes, qu'un palliatif fort insuffisant. Ce n'est, en effet, ni dans les faibles taxes équitablement exigibles d'une colonie naissante, ni même dans la vente des valeurs virtuelles, encore pour la plupart inaccessibles, contenues dans ses frontières que celle-ci pourrait trouver le *capital* considérable indispensable à la *prompte et large* création de son outillage économique :

or (les intéressés le sentent mieux que personne) c'est là justement que gît la condition essentielle de son sérieux et rapide essor. Heureusement l'autonomie financière entraîne une autre conséquence : elle permet de reconnaître aux colonies la *personnalité civile* et, par cela même, les met en situation de faire appel au *crédit*.

C'est *l'emprunt* seul en effet qui peut procurer aux colonies le *capital* de premier établissement que la métropole ne veut ou peut-être ne peut leur fournir. Pour le gager, elles ont à offrir d'abord les ressources immédiatement liquides provenant de leurs taxes et impôts et ensuite la masse des valeurs latentes que les fonds empruntés ont justement pour objet de faire ressortir. Ce travail de dégagement comporte, il est vrai, quelques aléas, dont la défiance des banquiers pourrait arguer pour majorer dangereusement les intérêts. Aussi, pour leur en ôter tout prétexte, proposerons-nous la méthode suivante :

Restreindre d'abord au *minimum indispensable les dépenses d'administration* proprement dites, de façon à *réaliser un boni* sur les *ressources immédiatement liquides :* employer ce boni à garantir un *premier emprunt* strictement *proportionné à son importance :*

Avec le capital ainsi obtenu, aborder les travaux les plus susceptibles de devenir *rapidement productifs :* dès que *l'accroissement* de production se sera répercuté sur le *Trésor*, souscrire un *nouvel emprunt* gagé sur le *nouveau boni*, dans les mêmes conditions que le premier et en affecter le montant à un *nouvel objet :*

Continuer ainsi progressivement, dans des mesures de

plus en plus larges, jusqu'à l'accomplissement intégral de la tâche à remplir.

Ce système d'emprunts successifs suivant pas à pas la progression de la richesse générale constitue pour les colonies le moyen héroïque de se suffire à elles-mêmes, si toute aide devait leur être refusée. Mais, tout préférable qu'il soit au régime d'allocations annuelles et incertaines actuellement suivi, il est à craindre qu'il n'accélère pas encore autant qu'il serait désirable l'avènement du progrès. D'ailleurs la compressibilité des budgets a une limite : il se pourra que, dans certaines de nos possessions, la situation initiale rende absolument impossible la réalisation de tout boni et, du coup, toute tentative d'emprunt. A ce double inconvénient, le remède suprême, c'est la *garantie de la métropole !*

Remarquons qu'en somme son intervention en pareille matière n'offre rien que d'absolument rationnel et équitable. Sa propre prospérité économique dépend de celle de ses possessions ; elle a donc un intérêt personnel à faciliter l'avènement de cette dernière. L'autonomie financière des colonies allège sensiblement ses charges : lui demander de remplacer des sacrifices matériels par un simple secours moral constitue, au premier chef, une offre pour elle avantageuse. Elle ne saurait non plus rester insensible à la perspective d'ouvrir à ses capitaux surabondants de nouveaux débouchés à la fois patriotiques et rémunérateurs. Or ce simple appui serait d'un effet énorme sur l'élasticité du crédit colonial : ignorances, défiances raisonnées ou irraisonnées, prétextes à marchandages, tout s'évanouit devant la solvabilité de la France répondant de celle de ses annexes d'outre-mer. Du coup, les colonies trouvent, non seulement l'instrument matériel de leur progrès, mais encore une force morale d'une incalculable portée : dans la foule des capitalistes détenteurs de leur papier, elles acquièrent des défenseurs solidaires de leurs intérêts, dont la voix, souvent puissante, se fera désormais entendre dans les conseils du gouvernement métropolitain.

Attribuer le caractère de simple appui moral à un cautionnement financier suppose chez la caution tous pouvoirs nécessaires pour suivre et contrôler souverainement la marche de l'entreprise. Tels sont, en effet, ceux que, non seulement en matière d'emprunts, mais en toutes matières financières, nous entendons reconnaître à la métropole. Celle-ci peut bien, en effet, renoncer à encaisser les recettes des colonies et en abandonner la gestion à des pouvoirs locaux mieux placés qu'elle pour en tirer fructueusement parti ; mais encore faut-il qu'elle conserve les moyens de s'assurer que l'emploi de ces ressources, toujours conforme aux vues de sa politique générale, ne va pas à l'encontre de ses propres intérêts matériels ou moraux. Dans ce but, les rôles, à notre avis, doivent être distribués de la manière suivante : pour la préparation et la discussion des budgets, l'étude de combinaisons financières quelconques, les pourparlers préliminaires à toutes négociations d'emprunts, même pour la détermination des termes des conventions à arrêter, il faut que *toute initiative et toute compétence* appartiennent exclusivement aux gouvernements et aux conseils *coloniaux*; mais il faut aussi que *rien* de tout cela ne devienne *définitif, sans l'assentiment du pouvoir central.* A ce dernier ne peut appartenir qu'une seule prérogative : *acquiescer ou refuser*, en motivant son refus, mais sans pouvoir amender les propositions faites. Ce n'est qu'à cette condition que sera possible le maintien de la distinction nécessaire entre les droits de l'action et ceux du contrôle. Cette prérogative suffit d'ailleurs pour assurer à la métropole un moyen efficace de veiller à ce qu'aucun abus grave ne se glisse dans la gestion des finances coloniales et notamment à ce que les emprunts dont elle assumerait la responsabilité ne dépassent jamais la mesure des ressources sûrement réalisables et soient toujours utilement affectés à leur progressif développement.

La formule matérielle dans laquelle se concrète l'autonomie financière, c'est le *budget spécial*, c'est-à-dire l'état comparatif et détaillé des recettes et des dépenses de chaque colonie, par origines et par affectations, présentant la balance du doit avec l'avoir. Dans les budgets spéciaux doit naturellement figurer l'*intégralité* des recettes fournies par la colonie : c'est la conséquence la plus immédiate du principe de l'autonomie financière ?... mais doit-il en être de même pour les dépenses? A cet égard, une distinction nous paraît s'imposer entre les dépenses ayant pour but l'intérêt même de la colonie et dépendant de sa propre initiative et celles engagées par la métropole en vertu de son droit supérieur de souveraineté et en vue surtout de son intérêt particulier. Les frais d'occupation militaire présentent, il nous semble, tout particulièrement ce dernier caractère.

Pour les colonies qui, comme l'Algérie actuellement, sont censées être le prolongement de la France, le fait est clair. Elles participent aux charges communes, sinon dans la même forme que les autres départements, au moins dans la mesure que la métropole elle-même a reconnu être celle de leurs forces : il n'y a donc aucune raison de leur imputer spécialement la charge de leur défense plutôt qu'à toute autre région frontière. Mais peut-être sera-t-on tenté de conclure différemment, quand il s'agira de colonies *autonomes*, conservant pour elles-mêmes la totalité de leurs ressources.

Pour nous cependant la solution doit rester la même. D'abord il faut remarquer que toute force militaire d'occupation est investie d'une double mission : 1° prévenir et, au besoin, réprimer les insurrections *intérieures ;* 2° défendre des aggressions *extérieures*. Or ce danger extérieur, de qui dépend son existence et son degré de gravité ?... Ce n'est pas de la colonie elle-même, qui n'a de droits reconnus que dans les limites de ses frontières ; c'est uniquement de la *diplomatie métropolitaine*, c'est-à-dire d'une puissance sur laquelle la colonie autonome, n'étant *pas représentée au parlement national*, n'exerce pas la moindre action. C'est cette puissance qui, suivant les intérêts particuliers de la mère-patrie, noue et dénoue les alliances, tend ou détend les rapports internationaux, en un mot crée, dissipe ou augmente à son gré les dangers extérieurs auxquels la colonie se trouve exposée. Indépendante, celle-ci pourrait suivre une politique tout autre, dirigée en vue de sa sécurité propre ; subordonnée, elle subit fatalement la répercussion des actes de la nation dominatrice. La justice exige donc, il nous semble, que cette dernière en supporte seule les conséquences ; donc, si cette conséquence est une agression contre les colonies, c'est à la métropole seule d'assumer la charge de la repousser, qui *implique celle d'assurer l'entretien des troupes* nécessaires pour cet office ! Ces considérations nous amènent à cette *première* conclusion : qu'*en tous cas,* on ne pourrait *tout au plus* imposer aux colonies que l'entretien des troupes indispensables au maintien de la *sécurité purement intérieure.*

Mais nous croyons qu'il faut aller plus loin encore, c'est-à-dire laisser à la charge de la métropole l'intégralité des charges militaires d'occupation. La colonie, même autonome, sacrifie à la mère-patrie un bien précieux, *sa souveraineté* : elle se résigne à n'être que la satellite d'une autre, à sentir constamment sa volonté propre limitée par une volonté supérieure, à subordonner ses intérêts à d'autres intérêts. Pour compenser de tels abandons, croit-on qu'il suffira d'invoquer éternellement l'effort et les frais de la conquête ? Les uns et les autres ont été *parfois* considérables, mais, dans d'autres circonstances, peu importants. En tous cas, ils n'ont été que temporaires et les générations qui les ont faits ou supportés disparaîtront ou sont déjà disparues. Est-ce suffisant pour exiger *indéfiniment* des colonies des sacrifices sans *actuelles* compensations ?... Nous ne saurions admettre qu'une grande nation toujours prête à proclamer la pureté de ses visées civilisatrices s'abaisse à défendre l'iniquité d'un régime, en alléguant simplement l'atroce droit de conquête ; ce serait donner à d'autres le droit de nous renvoyer l'argument à propos du règlement des affaires européennes. Si toutefois on avait cette imprudence, nous répondrions que, dans les colonies, il n'y a pas seulement des vaincus, mais aussi des descendants de la race victorieuse : ce sont eux qui, après avoir accru le domaine de la France, achèvent autant pour elle que pour eux-mêmes l'œuvre inaugurée, en poursuivant la conquête économique, complément nécessaire de la conquête militaire. A ces enfants qu'elle-même a lancés en pleine barbarie, pour l'accroissement de son prestige et de sa puissance, la mère-patrie peut-elle venir dire : *Maintenant défendez, comme vous pourrez,* « *les fruits de votre courage et de votre travail, vos ri-* « *chesses* (qui sont indirectement les miennes), *vos exis-* « *tences mêmes ! Je n'ai nulle obligation envers vous ; je* « *ne me reconnais que des droits, et, entre autres, celui* « *de vous obliger à m'enrichir !* » Qui oserait soutenir qu'un tel langage fût digne de la France ?... Si l'on veut établir les rapports entre les colonies et la métropole sur des bases moins vacillantes que la force brutale, il faut les fonder *sur l'équité*, en conséquence balancer les sacrifices exigés des premières par de sérieux avantages accordés par la seconde. *La prise en charge par la métropole de l'intégralité des frais d'occupation militaire* est la logique *compensation des restrictions nécessaires imposées aux libertés des populations coloniales.*

Dans nos possessions anciennes, longtemps gouvernées d'après d'autres principes, se présente une difficulté particulière : la colonie sera-t-elle tenue d'accepter la situation telle qu'elle se présentera, quelque désavantageuse qu'elle ait été rendue par une mauvaise gestion ?., Par exemple : l'Algérie devra-t-elle assumer intégralement la charge de la garantie d'intérêts de ses chemins de fer, malgré toutes les *fautes lourdes* qui, de notoriété publique, vicient les conventions d'où elle dérive ?... Ce serait, à nos yeux, une iniquité. « Le bénéficiaire d'une gestion d'affaires ne doit compte au gérant que de l'*équivalent des avantages réellement procurés* par son intervention et non des prodigalités auxquelles il a pu se livrer ». Le principe d'équité sur lequel s'appuie cette règle de notre droit civil s'applique logiquement aux rapports entre collectivités comme entre individus. C'est pourquoi nous estimons qu'avant de remettre à l'Algérie la libre gestion des ses affaires financières, la métropole se doit à elle-même de remédier dans la mesure du possible, soit par le rachat du réseau ferré, soit par toute autre combinaison acceptable, au mal causé par ses erreurs.

Cette double réserve faite, nous admettrons la conséquence nécessaire du principe de l'autonomie financière c'est-à-dire l'obligation pour les colonies de *supporter toutes leurs dépenses*, du moment où elles *conserveront toutes leurs recettes.*

III

Rapports douaniers : Libre-échange, prohibition ou protection. — Soumission aux tarifs généraux de la métropole ou bien à des traités distincts et particuliers.

Le but final de notre politique coloniale étant l'extension de nos débouchés commerciaux, la question du régime douanier à appliquer à nos possessions est celle qui touche le *plus directement* la métropole. Si celle-ci se trouvait seule en jeu la solution serait facile : il suffirait de fermer absolument les frontières à tous produits étrangers. Mais nous avons vu plus haut que, pour sérieusement répondre aux besoins de la production métropolitaine, la puissance consommatrice des colonies (et, comme, corollaire, leur puissance de production) devraient être considérablement développées. Le problème se trouve donc compliqué par la nécessité de tenir compte de deux ordres de faits distincts : l'avantage de la mère-patrie et la prospérité coloniale. En raison de la solidarité qui, en dépit de leur opposition apparente, en réalité les unit, il faut donc adopter un régime douanier qui les concilie tous deux, c'est-à-dire qui favorise suffisamment les premiers, sans sacrifier les seconds.

Voyons d'abord des trois systèmes reconnus par la science économique, libre-échange, prohibition, protection, celui qui paraîtrait le mieux répondre à ce double objectif.

En tant que productrices, les colonies possèdent, toute prête pour l'exportation, une masse considérable de richesses *créées spontanément par la nature et accumulées par le temps* : ce sont là conditions exceptionnellement favorables, qui permettent de livrer à des prix défiant toutes concurrences. En tant que consommatrices, elles ont à tirer du dehors l'énorme quantité de produits qu'exigent la fondation d'un premier établissement et l'introduction d'un outillage de transformation : elles doivent viser à les obtenir au meilleur compte et par conséquent accorder toutes leurs préférences au régime qui met en rivalité la plus grande somme d'offres. A tous points de vue, le libre-échange est donc le régime le plus avantageux *pour les jeunes colonies.*

Mais la *Métropole* peut-elle l'accepter ?...

Tout d'abord on est tenté de se demander dans quel but une nation s'imposerait les frais et les sacrifices d'une conquête lointaine, si tous les peuples devaient s'y voir traités avec elle, au point de vue commercial, sur un pied de parfaite égalité !... Telle fût pourtant depuis un siècle la politique constante d'une puissance européenne qui n'a pas la réputation de se laisser duper : l'Angleterre. Et en effet la réflexion force à reconnaître que cette ligne de conduite peut mener à de fructueux résultats, mais seulement dans certaines conditions très particulières : quand la nation dominatrice *jouit déjà d'une incontestable supériorité industrielle et commerciale !* Dans ce cas, sûre d'avance de battre toutes concurrences, elle ne risque rien à les laisser se produire ; elle y gagne même les bénéfices accessoires laissés entre ses mains par le commerce étranger glanant à sa suite. D'autre part, en s'emparant d'un marché de consommation, elle se prémunit contre l'éventualité de son occupation par une rivale, *qui aurait pu le lui fermer.* Cet unique avantage lui paraît (et les résultats prouvent la justesse de son calcul) une compensation suffisante. Mais la situation de l'Angleterre est exceptionnelle et il se pourrait même qu'elle n'ait été qu'un heureux accident. Déjà les progrès menaçants des commerces Allemand et Américain ont jeté l'alarme dans le Royaume-Uni et il semble que l'on y songe à remplacer le régime actuel de liberté par un système plus étroit de solidarité restreinte entre les colonies anglaises et leur métropole. Si l'Angleterre elle-même commence à ne plus se sentir assez sûre de sa suprématie pour maintenir un régime qui a considérablement coopéré à sa fortune, quels désastres ne devrait pas en attendre la France, aujourd'hui qu'elle se voit *primée*, sur les marchés du monde, *par quatre ou cinq grandes nations ?*... L'application à nos colonies du principe libre échangiste équivaudrait en effet à les livrer à nos concurrents, qui en retireraient tous les profits, sans nous laisser rien que les charges et les embarras. C'est plus que suffisant pour le faire écarter.

Si le libre-échange est, dans la plupart des cas, défavorable aux métropoles, le régime prohibitionniste, en revanche, à première vue, semble devoir être celui qui les favorise le mieux, puisqu'il leur assure l'intégralité des bénéfices réalisables sur l'ensemble du mouvement commercial des colonies. Aussi est-il naturel que, dans les temps modernes, il ait été le premier adopté par les peuples colonisateurs. Du XVe au XVIIIe siècle, le monopole et la prohibition furent, en effet, la double base sur laquelle furent fondés les rapports de l'Espagne avec le Mexique et la Colombie, de l'Angleterre avec l'Amérique du Nord. Les séparations violentes qui en sont résultées démontrent les dangers politiques du système. Quant à ses avantages économiques, ils restent plus que problématiques : l'Espagne n'y a pas trouvé la richesse et la prodigieuse prospérité de l'Angleterre ne date que de l'application par elle d'autres principes. Un examen attentif prouve qu'il y a dans ces faits autre chose qu'une simple coïncidence. Pour que le régime prohibitif fût acceptable pour les colonies, il faudrait d'abord que la métropole produisit elle-même, en quantités et diversités, tout ce qui est nécessaire aux besoins de ces dernières ; toute marchandise d'abord tirée du dehors parvient le plus souvent au destinataire définitif grevée de tels frais artificiels de transports et de courtages que le monopole prend l'aspect d'une intolérable exploitation. Il faudrait en outre que la métropole fût toujours apte à consommer l'intégralité de la production coloniale. Or cette condition est irréalisable : il est impossible que ces deux termes corrélatifs restent entre eux dans un rapport constant. Un peu plus tôt ou un peu plus tard la colonie, qui a pour elle l'espace et la puissance d'expansion propre à la jeunesse, arrivera à surproduire : de ce jour, un terme fatal se trouve imposé à son développement. Encore cet arrêt de croissance représente-t-il la solution la plus favorable, celle qui se produira quand le stock de la colonie se composera de denrées *sans similaires* dans la métropole. Or il ne pourra toujours en être ainsi ; quelle que soit la prudence des colons, il est des nécessités inéluctables qu'il leur faut subir : les lois naturelles et climatologiques, qui assignent aux espèces végétales des limites infranchissables. Ainsi l'Algérie et la Tunisie, situées, comme la France, dans la zone tempérée, ne sauraient sans folie se lancer dans la culture des plantes tropicales. Il leur faut produire du blé, comme la Beauce, de l'huile, comme la Provence, du vin, comme le Languedoc, du bétail, comme la Normandie. Que feront-elles de ces richesses, si elles en sont réduites à les offrir exclusivement à leurs concurrentes, peut-être déjà elles-mêmes encombrées ? Tout au plus pourront-elles parfois aspirer à combler des déficits toujours aléatoires : mais ce ne sont pas des débouchés étroits et incertains qui peuvent assurer la vie économique de grands pays. De telles conditions ne limitent plus seulement le progrès, elles l'empêchent de naître. Sous le régime prohibitif, les colonies, quelles qu'elles soient, restent donc pauvres, par conséquent inféconde pour la métropole, heureux encore quand le mécontentement produit par une compression stérile n'éclate pas en insurrections.

Du moment où la nation colonisatrice ne peut absorber tout ce que la colonie, agissant dans la plénitude de ses facultés, est capable de produire, la saine politique lui fait un devoir d'en laisser la surabondance s'écouler au dehors. Le seul privilège qu'elle puisse légitimement revendiquer, comme prix de ses sacrifices de première occupation et de protection militaire, c'est un *régime de faveur*, c'est-à-dire, soit une *entière franchise douanière,* soit le bénéfice de *tarifs sensiblement inférieurs à ceux imposés à tous concurrents.* En somme, une telle situation n'est qu'une application du système protectionniste, dans laquelle la métropole joue le rôle de la nation la plus favorisée. Cette combinaison concilie dans une juste mesure les intérêts en présence : si, d'une part, en effet l'ouverture indéfinie des débouchés, en favorisant la production, multiplie les profits de la colonie, d'autre part, cet accroissement de richesses engendre incessamment de nouveaux besoins, se traduisant par une augmentation continue de demandes commerciales, dont la nation la mieux traitée au point de vue douanier, c'est-à-dire la mère-patrie, reçoit naturellement la plus grande part. Il se trouvera donc en définitive que ce régime de liberté relative, par cela même qu'il favorise la prospérité de la colonie, sera infiniment plus avantageux que le monopole même pour la nation colonisatrice.

Pour que le régime protectionniste produise ces heureux effets, une condition toutefois s'impose, c'est qu'il soit appliqué sincèrement, suivant la logique de son principe, qui est de conférer à la nation favorisée le moyen de *légèrement* distancer la concurrence, mais non de lui barrer invinciblement toutes les voies. En fait, des tarifs différentiels trop élevés transforment la protection en prohibition absolue et en engendrent nécessairement toutes les funestes conséquences. Bon gré mal gré, il faut bien admettre que les traités de commerce sont de véritables marchés passés entre les nations et qu'à ce titre ils supposent d'avantageuses réciprocités. Si l'étranger ouvre ses frontières à nos produits coloniaux, ce n'est évidemment qu'à la condition de voir nos colonies recevoir à leur tour au moins une partie des siens, non pas seulement en théorie, mais *en réalité*. C'est une nécessité inéluctable. Comment la concilier avec la situation privilégiée due à la métropole ? en n'abaissant, autant que possible, les barrières douanières qu'en faveur des marchandises que celle-ci ne produit pas ou seulement en quantités égales ou inférieures à ses propres besoins. La situation imposât-elle le sacrifice de quelques-uns de nos articles nationaux, il n'y aurait pas lieu de s'en émouvoir, pourvu que d'autres branches de l'industrie française en retirassent des développements compensateurs : car, en définitive, la seule chose qui importe, c'est la somme globale dont la consommation coloniale décharge la production métropolitaine.

Le régime protecteur que nous venons de préconiser étant justement celui auquel se trouve soumise la France continentale, peut-être sera-t-on tenté de croire que, pour en étendre les bienfaits à ses possessions d'outre-mer, il suffirait de leur déclarer applicables les divers traités de commerce arrêtés entre la mère-patrie et l'étranger. Ce serait, à notre sens, une grave erreur. Les solutions simples ne conviennent qu'aux situations simples : or les choses d'ordre économique, déjà si délicates alors qu'il s'agit de pays compacts et homogènes, se compliquent bien plus encore, si l'on prétend envisager un ensemble de régions séparées entre elles par l'immensité des mers. En négociant ses traités de commerce, la métropole n'a dû et n'a pu considérer que sa situation propre. Ses tarifs d'entrée et de sortie ont été basés sur son besoin de certains produits déterminés et sur sa pléthore de certains autres : c'est cette considération surtout qui a dicté ses préférences et ses facilités à l'égard de tel ou tel de ses co-contractants, gros consommateurs de ce qu'elle possédait en surabondance. Le calcul du quantum des droits défensifs a été établi en prenant pour données génératrices les cours possibles des matières en concurrence, soit le *prix de revient* majoré des *frais de transport* sur les grands marchés transitaires ou consommateurs. Or *aucune* de ces raisons déterminantes *ne se retrouvent exactement les mêmes dans les colonies* : la disette ou l'abondance y portent le plus souvent sur des matières différentes ; les débouchés dont l'ouverture leur importe ne se trouvent pas sur les mêmes places ; les menaces de concurrence ne leur viennent pas des mêmes côtés, ne visent pas les mêmes produits, n'offrent pas les mêmes degrés de gravité. Aucune des conséquences prévues et recherchées pour la métropole ne se réaliseront donc dans les colonies : les débouchés ouverts à l'étranger leur seront, soit inutiles, soit peu fructueux ; par contre, d'autres qui leur auraient été nécessaires, demeureront fermés ; des catégories entières de marchandises, produites dans d'autres conditions de main-d'œuvre, se trouveront protégés, qui n'en avaient nul besoin, tandis que d'autres resteront sans défense, qu'il eut fallu préserver. Enfin les énormes écarts existant entre les distances fausseront le système entier, de sorte que les tarifs généraux constitueront, tantôt des barrières illusoires, tantôt des obstacles absolument insurmontables. Un tel système est condamné par l'extravagance logiquement inévitable des résultats : nous le repoussons donc absolument. Les mêmes raisons qui s'opposent à l'unification douanière entre la métropole et ses possessions empêchent également toute soumission de ces dernières à un régime commun : car leurs différences entre elles ne sont guère moins profondes qu'avec la mère-patrie. Ce qu'il faut, ce sont des traités réglant *séparément* la condition de chacun de *nos quatre grands groupes coloniaux* et inspirés par la situation particulière de chacun d'eux ! Nous conclurons donc en faveur de l'autonomie douanière, comme nous l'avons fait antérieurement en faveur de l'autonomie administrative et de l'autonomie financière.

La négociation des traités de commerce est du ressort de la diplomatie. Les colonies, n'ayant à l'étranger d'autre représentation que celle de la nation-mère, ne peuvent confier qu'à celle-ci le soin de débattre leurs intérêts sur l'échiquier international. Toutefois, comme nul mieux que les intéressés eux-mêmes n'est apte à savoir ce qui leur convient, nous voudrions que le pouvoir exercé à cet égard par le ministère des affaires étrangères, tout en restant moins étroit qu'un simple mandat, offrît pourtant plus de garanties qu'un blanc-seing. A cet effet, il faudrait : 1° qu'avant tous pourparlers, les *Gouvernements et les Conseils coloniaux* fussent *obligatoirement invités* à faire connaître nettement et librement les solutions ayant leurs préférences ; 2° que la diplomatie, dans la mesure où le permettrait l'intérêt national, fût tenue d'en poursuivre la réalisation ; 3° que les projets de traités, une fois arrêtés dans leurs termes, fussent renvoyés à la critique d'une assemblée dont nous parlerons dans le titre suivant (le conseil supérieur des colonies), de façon que ses observations pussent devenir un important élément d'appréciation pour la puissance investie du droit de ratification définitive. Cette puissance ne peut évidemment être que *métropolitaine*, puisque la suprématie douanière, pour la métropole, est la raison et le but même de toute sa politique coloniale ; mais le minimum de garanties qui puisse être concédé aux colonies dans une question aussi vitale, c'est le droit de sérieusement défendre leur propre cause.

IV

Rapports politiques. — Régime des lois ou régime des décrets. — Conseil supérieur des colonies : Composition, rôle et attributions. — Loi organique des colonies.

Au cours des discussions qui précèdent, nous avons à diverses reprises affirmé la nécessité de soumettre les propositions importantes soulevées et discutées par les gouvernements et les conseils coloniaux à l'appréciation et à la sanction d'une autorité suprême, incarnant la souveraineté de la métropole. Il nous faut déterminer quelle sera cette autorité.

Sous notre régime politique, l'autorité nationale source de toute puissance légitime est le Parlement ; son action logiquement englobe donc les colonies comme la France continentale. Mais en fait cette action ne s'exerce pas toujours directement, *par des lois* : fréquemment, pour des raisons diverses, elle se délègue au chef du pouvoir exécutif et se manifeste alors par des décrets. La question qui se pose est donc celle de savoir si, dans la matière qui nous occupe, une telle délégation est ou non désirable et, en supposant l'affirmative, de quelles garanties il y aurait lieu de l'entourer.

Les partisans du régime des lois font valoir l'ampleur qu'il confère aux débats et les garanties qu'assure aux intérêts le concours contradictoire des plus hautes compétences. Il se peut en effet qu'il en soit ainsi pour les affaires métropolitaines : celles-ci sont réellement familières à tous les membres du Parlement ; en tous cas, tous sont aptes à démêler, dans les joutes oratoires, la valeur relative des arguments invoqués ; partisans et adversaires poussent avec la même ardeur à l'avènement de discussions dont le moindre résultat sera du moins d'attester leur zèle et de faire briller leur talent ; au besoin, l'impatience des électeurs est là pour réchauffer les zèles attiédis. La résultante de toutes ces forces imprime à la machine législative le maximum d'activité que comporte la complication de ses rouages. Mais cet ensemble de conditions (compétence et intérêt direct), qui constitue la raison d'être du régime légal, se retrouve-t-il encore, quand s'agite le débat d'affaires purement coloniales ?.. Nous ne croyons pas qu'on puisse sérieusement le soutenir.

En général, les préoccupations de nos parlementaires ne dépassent pas les bornes de nos frontières européennes. Et cette insouciance est fort naturelle : hommes d'affaires, le souci de leurs intérêts régionaux suffit à absorber leur activité ; hommes politiques, leur effort se concentre forcément sur les questions qui passionnent les masses. La question coloniale n'est malheureusement pas de ce nombre. Réclamer des générations présentes, avides de jouir, au nom de leur descendance, des sacrifices sans compensation immédiate constitue une piètre plate-forme électorale. Il faut, pour s'y placer, tout le désintéressement et la hauteur des vues d'un véritable homme d'Etat, et le vide laissé par la mort de Jules Ferry donne lieu de craindre que l'espèce n'en soit que peu répandue. En somme, au point de vue des connaissances en matière coloniale, nos assemblées se divisent en deux parties, numériquement fort inégales : l'immense majorité, qui reconnaît son ignorance et juge inutile de chercher à en sortir ; un tout petit groupe, dit colonial, qui fait profession de s'intéresser à nos affaires d'outre-mer. Ce dernier se compose de députés et de sénateurs coloniaux auxquels sont venus s'adjoindre un certain nombre de recrues, de nuances politiques très diverses, mais rapprochées par la communauté de leur croyance en l'importance de notre expansion au dehors. On ne peut qu'applaudir à ces vaillantes initiatives. Mais il n'en reste pas moins nécessaire de s'inquiéter si, même en cet honorable cénacle, les compétences égalent les bonnes volontés. En ce qui concerne les mandataires des colonies où l'élément européen est seul représenté, nous avons déjà émis plus haut notre opinion sans ambages : quelque expérience qu'on leur suppose, n'étant que les élus d'une caste, ils ne peuvent représenter qu'elle, ses intérêts exclusifs, ses passions et ses préjugés ; c'est pourquoi, à l'exemple de l'Angleterre, nous avons conclu à la nécessité de leur suppression. Les membres métropolitains du groupe colonial sont évidemment à l'abri de toutes suspicions de ce genre : pour eux, aucun intérêt n'existe susceptible d'obscurcir leur clairvoyance ou d'altérer leur sincérité. Mais la bonne foi la plus pure peut se laisser surprendre. Aussi, pour juger de la valeur de leurs opinions, est-il prudent de rechercher comment celles-ci ont pu se former. Nous nous plaisons à reconnaître le mérite d'un grand nombre d'écrits publiés, depuis plusieurs années, sur les questions coloniales. Il y là une mine précieuse de documents où des esprits sérieux ont pu fructueusement puiser. Mais les livres, même les meilleurs, ne constituent en somme que des éléments de seconde main. La vérité n'y transparaît que réfractée à travers le tempérament, les opinions générales et les préjugés de leurs auteurs. De là des divergences parfois même des contradictions à concilier, des omissions plus ou moins involontaires à réparer, des exagérations à réduire. Ce travail de mise au point ne peut-être fait que *sur place*, par des investigations *personnelles*. Nos Parlementaires métropolitains se sont-ils astreints à l'entreprendre ?... Beaucoup le prétendent, et, en effet, depuis quelques années, sinon toutes nos colonies, du moins les plus rapprochées. l'Algérie et la Tunisie, sont fréquemment honorées de la visite de députés et de sénateurs. Mais il faut bien constater que pour presque tous l'itinéraire est aussi banal qu'invariable et ne pénètre guère ni au cœur des populations indigènes ni même dans les avant-postes de la colonisation. L'Algérie et la Tunisie de nos honorables touristes se réduisent à Alger et sa Casbà, la Chiffa et ses singes, Sétif, Constantine et les chûtes du Rhummel, Lambèse, Biskra et ses palmiers, la Mardjerda, Tunis, ses souks et les ruines de Carthage. Parfois les natures artistiques affrontent quinze heures de patache pour admirer Bougie, la Berbère, et les gorges de Kherrata. Seules les âmes héroïques vont jusqu'à risquer leur enveloppe terrestre sur les berdas des Béni-Yenni. La traversée à la vapeur de cette étroite zone géographique, l'interview saisi au vol de quelques politiques du crû, l'échange de vagues politesses en langage sabir avec quelque fils de chaouch, ex-boursier de nos lycées : voilà qui suffit pour conférer à nos honorables voyageurs, aux yeux de leurs collègues casaniers, un brevet de docteurs ès sciences coloniales !... On comprend qu'une fiction assise sur de telles bases ne concorde que d'une façon lointaine avec la réalité. En fait, la plupart de nos parlementaires remportent purement et simplement les opinions préconçues qu'ils avaient apportées ; beaucoup, qui n'en avaient pas, profitent de l'occasion pour en adopter une quelconque ; tous comptent sur le visa apposé par la douane sur leurs colis pour conférer du même coup au bagage intellectuel qu'ils sont censés contenir un incontestable certificat d'origine ! C'est en somme l'application en matière politique du procédé ingénieux inventé par les fabricants de vins de raisins secs qui, par un simple dépôt de quelques heures sur les quais d'Alger, transforment les mixtures inavouées de l'industrie marseillaise en purs vins algériens. Quelques-uns se distinguent par des habiletés plus profondes : ils collectionnent les études élaborées par des coloniaux intelligents, en émaillent leurs discours et, sans s'inquiéter d'aboutir à quoi que ce soit, se contententent de se faire ainsi à peu de frais une réputation de génies universels. Hâtons-nous d'ajouter que, parmi tant de personnalités, il s'en trouve aussi animées du désir de réellement voir et de consciencieusement juger. Malheureusement la tâche leur est difficile : non seulement le mélange des populations rend les problèmes complexes, mais sur bien des points l'opinion publique coloniale est elle-même divisée ; quant à l'indigène (nous parlons de celui qui représente la moyenne de sa race) sa défiance de l'étranger est telle qu'il faut avec lui de longues fréquentations pour l'amener à révéler le fond de sa pensée. Or les devoirs d'un représentant du peuple, les exigences de ses électeurs, le souci de ses affaires particulières ne lui permettent au maximum qu'un séjour de quelques semaines dans les colonies, alors que le sujet, pour être pénétré réellement, exige des années d'étude. De ces précipitations inévitables résultent fréquemment des appréciations erronées, *non pas tant quant à la réalité des abus constatés* que sur leur degré de gravité (exagéré par les uns, atténué par les autres), sur leurs causes profondes et surtout sur la nature des remèdes à y apporter. Peu se rendent compte que le mal réside bien moins dans les hommes que dans des institutions mal adaptées aux mœurs. Même les plus clairvoyants se laissent éblouir par le mirage de leurs opinions de libéraux civilisés, qui leur font prendre leurs goûts et leurs besoins propres comme mesure des goûts et des besoins de tous les spécimens d'humanité. Il en résulte, même pour les plus sages, de vagues arrière-pensées d'assimilation lointaine, grosses de timidités et de demi-mesures, qui constituent le plus sérieux obstacle à l'adoption des solutions pratiques et rationnelles.

Admit-on d'ailleurs comme réelle la compétence de nos parlementaires, force est bien de reconnaître qu'elle n'est en tous cas l'apanage que d'un petit nombre. En supposant donc que cette faible proportion contînt en elle une puissance fermentescible suffisante pour soulever la masse entière, on ne pourrait jamais voir dans la docile adhésion de celle-ci qu'un simple acte de confiance et non une opinion consciente et personnelle. Que deviennent, dans ces conditions « l'ampleur des débats et l'étendue des garanties » invoquées en faveur de leur thèse par les partisans du régime des Lois ?... Une pure et simple fiction oratoire !

Mais la réalité est plus décourageante encore que notre hypothèse. En fait, l'indifférence du Parlement pris dans son ensemble, plus lourde sans doute à soulever que les montagnes, ne se laisse même pas émouvoir pas la foi qui anime le groupe colonial. Il semble au contraire que les questions exotiques lui répugnent invinciblement. Leur nouveauté le déroute ; les termes bizarres dont se hérissent nécessairement leur discussion fatiguent ses oreilles d'un vain bruit. Aussi a-t-il toujours d'excellentes raisons pour ajourner le supplice de les entendre. Que pèsent à ses yeux les vagues intérêts de colonies lointaines, alors que la métropole frémit sous le jet continu des interpellations politiques, que les grandes lois fiscales, sociales et économiques attendent vainement leur adoption définitive, que le budget national trouve à peine le temps d'être voté ?.. C'est par pur décorum qu'on fait de temps en temps l'aumône d'une séance aux mendiants d'outre-mer ! Et, si parfois on se décide à les gratifier d'une loi *de détail*, c'est surtout par déférence pour le collègue sympathique qui en est l'auteur.

L'exemple de l'Algérie est, à cet égard, tout à fait saisissant ! Voilà plus de *huit ans* qu'à la suite de l'émotion produite en France par les divulgations de la « caravanne parlementaire » les chambres ont proclamé l'urgence de réformer profondément l'administration de notre grande colonie transméditerranéenne. Un nouveau gouverneur, M. Jules Cambon, s'est vu investir à grands fracas d'une mission précise : « *Restaurer l'indépendance gubernatoriale* et faire *la conquête morale des populations indigènes*. Dans ce but, il fallait d'abord rétablir l'équilibre entre les castes, en ôtant à l'une l'énorme privilège qui lui permettait d'opprimer l'autre : sa *représentation exclusive au Parlement national*. Il fallait ensuite enlever aux élus européens des diverses assemblées locales le pouvoir de disposer des ressources fournies par d'autres que leur corps électoral : par conséquent *refondre entièrement l'organisation communale et départementale*. Il fallait surtout *renforcer à l'égard de tous l'autorité gouvernementale*, en conférant à son représentant responsable assez de pouvoir pour qu'il lui fût possible d'être juste. Telles étaient les bases fondamentales du programme nécessaire. Mais il faut bien croire que notre époque de lumières n'a pas renoncé à l'adoration de tous les fétiches ou du moins que, pour elle, certains mots fatidiques tels que « libertés et droit commun » conservent, comme le Tabou Polynésien, le privilège de rendre inviolable tout ce qu'ils recouvrent : car nul n'a osé monter à la tribune parlementaire pour attaquer les citadelles d'iniquités mensongèrement abritées sous ces nobles drapeaux. C'est à peine si, après une longue série d'efforts, la pression de l'opinion publique a fini par emporter l'abrogation des funestes décrets dits de rattachement ; encore les bureaux ministériels ont-ils retenu, en fait, la plupart des prérogatives qu'ils étaient censés avoir abandonnées. Ainsi (abstraction faite de quelques lois estimables, mais *d'intérêt secondaire* et *incapables de modifier sérieusement la situation générale*, telles que les lois sur les sociétés de secours mutuels indigènes, sur la propriété et sur le jury criminel) on peut dire que *la résultante de l'effort parlementaire pendant huit années n'a abouti qu'à la réalisation d'un seul acte présentant une réelle importance* ; encore en fait est-il resté illusoire ! (1)

Si telle a été l'impuissance des chambres métropolitaines, alors qu'il s'agissait simplement d'une action temporaire et définie à appliquer à une colonie prétendue connue par tant de personnalités influentes, que deviendra-t-elle à l'égard de nos colonies lointaines dans les conditions de plus en plus difficiles qui vont s'imposer. Nous avons vu plus haut en effet que, pour la sérieuse organisation d'un grand empire colonial, on ne peut plus

(1) Ces lignes étaient écrites avant la promulgation du décret du 23 août 1898, qui a étendu, mais, dans une mesure, à notre avis, encore très insuffisante, les pouvoirs du gouverneur, et avant celle du décret sur les délégations financières où il est permis de deviner un commencement d'orientation vers des solutions rationnelles.

se contenter des expédients auxquels on s'est raccroché jusqu'ici : *ce ne sont pas des solutions* que de déclarer telles ou telles de nos lois métropolitaines applicables à nos colonies ! *La seule logique et nécessaire*, c'est *d'élaborer pour chacune d'elles* une *législation spéciale adaptée* à *ses mœurs et à sa situation particulière*. L'expérience poursuivie jusqu'à ce jour prouve surabondamment ce que le simple bon sens permettait *a priori* de prévoir : que, pour une telle œuvre, *le Parlement n'a et ne peut avoir ni la compétence, ni le temps, ni la volonté*. C'est pourquoi, *en ce qui concerne les colonies, le régime légal doit être résolument écarté*.

Le régime des décrets présente-t-il les conditions indispensables qui font défaut à son rival ? Il n'est d'abord pas douteux qu'il peut invoquer en sa faveur des *aptitudes à la célérité* incomparablement supérieures. Ce premier avantage est déjà d'un prix inestimable pour des pays nouveaux, où le prompt achèvement de l'organisation est la première condition de l'essor de toute prospérité. Mais nous allons voir que les autres qualités essentielles viennent s'y ajouter. Quelles doivent être en effet les phases préparatoires qu'auront à traverser les lois et affaires coloniales importantes ?.... Nous l'avons vu plus haut : *l'initative* appartient aux *Gouverneurs;* la *discussion* aux *conseils coloniaux ; l'appréciation et le droit de présentation* à l'autorité-souveraine, *au ministère des colonies*. Etant données les garanties dont nous avons entouré l'organisation de ces divers pouvoirs, on a toute certitude de rencontrer à tous les degrés de cette triple filière *compétence absolue* et *ferme volonté d'aboutir*. Il semble donc qu'après cette série d'épreuves, il n'y ait plus qu'à demander à la signature présidentielle de transformer les projets en actes définitifs.

Telle ne sera cependant pas notre conclusion. La procédure qui vient d'être esquissée assure bien, dans la mesure la plus large, toutes garanties aux intérêts coloniaux ; mais la métropole pourrait craindre de n'y pas trouver pour les siens de sûretés suffisantes. L'éventualité d'une telle appréhension suffit pour nous obliger à la recherche *d'un criterium complémentaire* propre à assurer une *égale sécurité aux parties en présence*. Le Conseil d'Etat, quelle que puisse être la valeur de ses membres, ne peut nous la donner, son inexpérience des questions en jeu n'étant pas moindre que celle du parlement ; nous ne la trouverons que dans la création *d'un Conseil supérieur des Colonies !*

La raison d'être d'une telle assemblée est de représenter, au-dessus des égoïsmes et des préjugés étroits tant coloniaux que métropolitains, l'intérêt *supérieur*, *général* et *permanent* de la puissance française dans le monde. Son rôle est à la fois *modérateur* et conciliateur. C'est dans cet esprit qu'elle aura à juger toutes les propositions soumises à son examen. Elle devra s'assurer qu'aucune d'elles n'enfreint cette double condition : 1° *être propice à la prospérité de la colonie prise dans son ensemble ;* 2° *ne pas être en opposition avec les grands intérêts, matériels ou moraux, de la métropole*. Cette dualité de préoccupations impose au conseil supérieur des colonies la *nécessité d'une double compétence ;* 1° la connaissance approfondie de toutes les questions coloniales ;

2° la haute compréhension et la nette intelligence de nos grands intérêts nationaux. Cette considération nous amène à lui assigner la composition suivante : *moitié* de ses membres devraient être choisis parmi les *Gouverneurs, vice-gouverneurs et inspecteurs généraux des colonies*, et *l'autre moitié* être prise parmi *les sommités métropolitaines les plus remarquables* par leurs travaux sur les *sciences économique, sociale et politique*. Les uns et les autres seraient nommés par le Président de la République, sur la présentation du ministre des colonies, qui pourrait d'ailleurs éclairer ses choix métropolitains par l'avis des principales chambres de commerce, excellentes appréciatrices de la portée pratique des théories scientifiques. De crainte que l'abus de la parole n'aboutit à paralyser l'action, le *nombre* total des membres de cette assemblée suprême ne devrait pas dépasser *Vingt*. Enfin pour assurer à son action une unité et continuité de vues suffisantes, il conviendrait que les pouvoirs des conseillers *durassent au moins sept ans* et que leur remplacement ait lieu par voies de *renouvellement partiel*.

Les matières à soumettre aux délibérations du conseil supérieur des colonies sont toutes celles que, en raison de l'importance possible de leurs répercussions sur la métropole, nous avons précédemment déclaré ne pouvoir être laissées à la discrétion des autorités locales.

En voici l'énumération limitative :

1° Législations intérieures des colonies ;

2° Budgets ;

3° Emprunts ;

4° Traités douaniers.

Les avis d'une telle assemblée assurent au régime des décrets, au point de vue de la discussion des affaires, des garanties au moins égales à celles qu'offre le régime des lois, quand il s'applique aux affaires métropolitaines. De plus, il ne porte aucune sérieuse atteinte à sa qualité essentielle : la promptitude à aboutir.

Une dernière objection toutefois se présente, dont la gravité ne nous échappe point : que devient dans ce système le droit de contrôle du parlement ?... Une délégation embrassant le gouvernement de tout un empire colonial n'est pas une délégation ordinaire. Ce sera en fait une abdication véritable, si le déléguant ne prend soin de se réserver le moyen de ressaisir, quand il le jugera nécessaire, son droit imprescriptible de souveraineté. Or jusqu'ici nous n'avons posé aucune restriction de ce genre. Désarmée vis-à-vis du Président de la République signataire des décrets, qui se trouve couvert par son immunité constitutionnelle ; désarmée à l'égard du conseil supérieur des colonies, rouage essentiel du mécanisme préconisé, *l'irresponsabilité* étant l'apanage logique de tout rôle purement *consultatif* ; la représentation nationale n'exercera d'action effective que sur le ministre des colonies. Mais comment demander compte à ce dernier de désaccords qu'il ne pouvait deviner, le système ne prévoyant pour le parlement aucune occasion de manifester ses désirs ou ses répugnances ? D'ailleurs une situation n'offrant, comme issue probable à chaque divergence de vues sur quelque question coloniale, qu'une crise ministérielle ne peut convenir à la France. Quelque indispensable que fût pour les colonies le régime des décrets, elle leur en refuserait sans doute le bienfait, s'il devait entraîner pour elle-même d'aussi dangereuses conséquences. Heureusement il est facile, il nous semble, de concilier tous les droits et tous les intérêts.

Voici comment la question se pose :

Faute de temps et de compétence, le parlement, inapte à élaborer les législations coloniales, délègue la tâche à une autre autorité. Mais sa responsabilité à l'égard de la nation souveraine ne lui permet pas de pousser la délégation jusqu'à l'abdication. Comment pourra-t-il continuer à *exercer sur le pouvoir délégataire une haute surveillance et, au besoin, ressaisir la direction, si la nécessité lui paraît s'en faire sentir ?...*

Nous répondrons : en introduisant au sein du conseil supérieur des colonies deux de ses membres (un sénateur et un député), investis de la mission suivante : Tant que les *avis* émis par cette assemblée leur paraîtront *conformes aux vues générales de la Représentation nationale*, ils *acquiesceront* purement et simplement et les *solutions* interviendront suivant les règles ci-dessus exposées, par voie de décrets. Dans l'hypothèse contraire, les délégués du parlement interposeront leur *veto* et *évoqueront l'affaire devant les chambres*, qui, après débat contradictoire entre le protestataire et un commissaire désigné par la majorité du Conseil, devra trancher d'urgence le *différend*. Remarquons que le premier cas sera de beaucoup le plus fréquent : car le plus souvent la métropole n'aura pas d'intérêt direct dans les questions posées et d'ailleurs la composition de la haute assemblée coloniale lui assure déjà les plus sérieuses garanties. L'expédition des affaires ne se trouvera donc *qu'exceptionnellement* ralentie par les complications du régime légal, et même alors la coopération préalable de tant de compétences indiscutables (Gouverneurs, conseils coloniaux, ministère, conseil supérieur des colonies), fournissant au parlement des discussions déjà épuisées, lui permettra de rapidement statuer en toute connaissance de cause. Ainsi se trouveront conciliés le droit absolu dont jouit le pouvoir souverain d'étendre son action sur l'intégralité du domaine national avec le droit, non moins absolu, qu'ont les colonies de voir leurs intérêts, dégagés des questions purement métropolitaines, être étudiés en *eux-mêmes* et non comme des accessoires négligeables, avec la *compétence* et l'activité que réclament leur spécialité et leur importance.

Pour entrer dans le domaine pratique des faits, les principes que nous avons soutenus au cours de cet ouvrage doivent se traduire et se fixer dans une *formule légale*. Si l'on admet nos conclusions, cette formule ne peut consister qu'en la détermination des points ci-après énumérés :

1° Adoption du principe *autonome*, en matière légale, administrative, financière et douanière, sous les réserves ci-dessus faites en vue d'assurer la *haute suprématie de la métropole* ;

2° Administration intérieure des colonies : formation, recrutement et organisation des divers services publics. *Rôle, attributions et pouvoirs des gouverneurs* à l'égard tant de *ces derniers* que des *divers éléments de population* et des *corps constitués* :

3° Fixation des conditions *politiques* des diverses races. Degré de *libertés provinciales*, *communales* et *économiques* à leur reconnaître. *Composition* et *attributions des assemblées coloniales* :

4° Détermination des *rapports entre les gouverneurs et le Ministère des colonies* :

5° Soumission des colonies au *régime des décrets*, entouré de garanties particulières : Rôle, composition et attributions du *Conseil supérieur des colonies*. Moyen propre à assurer à la *Représentation nationale* l'exercice de son droit de *contrôle et de souveraineté*.

L'indication de ces grandes lignes suffit à démontrer qu'il ne s'agit pas ici d'une loi ordinaire : car elle ne vise pas le règlement de questions concrètes et déterminées. Son objectif est beaucoup plus vaste : c'est la création et l'agencement de tous les organismes appelés à assurer la vie sociale, politique et économique des colonies. Il s'agit de les doter de leur *loi organique*, en d'autres termes, de tracer la *Charte fondamentale* appelée à régler les rapports généraux de la vieille France avec ses filles d'outre-mer. Pour une œuvre d'une telle importance quelle sera l'autorité compétente ?..

La qualité essentielle d'une base est la stabilité : cette vérité n'est pas moins absolue dans l'ordre moral que dans l'ordre matériel. Rien ne peut s'édifier sur ce qui reste chancelant. C'est pourquoi nous croyons nécessaire d'assurer à la loi organique de notre empire colonial *des chances exceptionnelles de durée*. Votée par le Parlement dans les conditions ordinaires, elle serait exposée à des remaniements continuels : chaque législature prétendrait la transformer, suivant l'impression changeante des courants d'idées et des circonstances, et toutes ces tantatives, inspirées de vues divergentes, altèreraient bientôt irréparablement la logique et, par cela même, la portée de son économie. L'incohérence des efforts ne peut engendrer que l'incohérence des résultats. Pour assurer à notre politique coloniale *le minimum de fixité indispensable à sa réussite* et compatible avec nos institutions démocratiques, il n'est qu'un seul moyen : c'est de faire de la formule impérative appelée à déterminer tout à la fois, d'une façon générale, le but à atteindre et la route à suivre, une *Loi constitutionnelle*.

V.

Du danger séparatiste. — L'autonomie est le régime sous lequel il est le moins à redouter. — Du sens probable de l'évolution définitive des institutions coloniales.

La cause principale de la répugnance éprouvée par beaucoup de nos hommes politiques à doter les colonies d'institutions autonomes, c'est qu'ils considèrent celles-ci comme l'acheminement naturel vers la *séparation*. Nous allons essayer de démontrer que cette opinion est un pur préjugé et que l'autonomie est au contraire de tous les régimes celui qui atténue le mieux le danger des scissions définitives.

L'existence même du péril ne saurait être sérieusement contestée. Mais il est indépendant de tous régimes, administratifs ou politiques : il ressort directement du fond même de la situation. A quelque race qu'il appartienne, l'homme n'a le goût ni de la subordination ni du sacrifice. L'affection, la force ou le calcul peuvent quelquefois l'amener à les subir ; mais cette acceptation n'est jamais que temporaire et cesse avec les causes transitoires qui l'avaient engendrée. L'association la plus fortement cimentée de toutes, celle autour de laquelle se sont cristallisées toutes les autres, la famille n'échappe pas à cette loi générale : une heure sonne fatalement où elle se relâche, souvent même se dissout par l'émancipation des enfants. C'est l'heure où se forme dans leur âme la notion d'intérêts particuliers distincts de ceux du foyer et la foi en leur aptitude à les mieux gérer que tout autre, fut-ce un père. L'affection ni la reconnaissance, même réelles et sincères, ne prévalent contre cette force instinctive de dissociation qui pousse invinciblement les êtres parvenus à un certain degré de développement à vouloir vivre de leur vie propre. Les collectivités n'obéissent pas à des lois différentes : elles synthétisent simplement les aspirations des individus dont elles se composent. Pour elles, comme pour eux, une période s'ouvre fatalement où germe le besoin d'une existence indépendante. Ce germe se développe plus ou moins lentement suivant les circonstances, mais un jour arrive où sa puissance d'expansion fait éclater tous les obstacles. La question qui se pose ne consiste donc pas à rechercher comment pourra *s'éterniser* la suprématie de la métropole : l'Eternité n'est pas à la mesure des entreprises humaines. Il ne saurait même s'agir d'assigner à notre hégémonie la durée minima d'un nombre déterminé de siècles : à notre époque surtout, un travail de transformation universelle s'opère avec une telle intensité qu'il faut s'attendre à voir l'imprévu des évolutions dérouter les prévisions les plus sages. Une seule chose est possible, c'est de rechercher, parmi les trois causes susceptibles de faire accepter à des êtres humains une subordination temporaire, (affection, force matérielle, intérêt), quelle est celle capable de conserver la plus longue efficacité.

Les influences sentimentales ne doivent, à notre avis, inspirer qu'une assez faible confiance. Déjà, en politique internationale, nous avons fait une expérience suggestive sur la valeur de la reconnaissance chez les nations-sœurs ; elle est de nature à ne nous inspirer qu'une confiance très relative dans les effets du même sentiment chez les nations-filles. Et il n'y a lieu ni de s'en étonner ni surtout de s'en indigner outre mesure. D'abord, parmi les éléments ethniques dont se composent nos populations coloniales, il n'en est qu'un dont nous puissions raisonnablement attendre un attachement instinctif et spontané : c'est celui qui sort des entrailles de notre race, l'élément issu de l'immigration française. Or, d'une part, suivant toutes probabilités, il se trouvera toujours numériquement le plus faible, et, d'autre part, la force des choses impose la prévision d'un affaiblissement graduel et continu de son degré de passion patriotique. Les premiers colons, partis adultes du berceau commun, conserveront assurément jusqu'à la mort, dans toute sa vivacité, l'amour que la vieille France inspire à tous ses enfants ; peut-être même les tristesses de l'éloignement lui confèreront-ils un plus ardent degré de ferveur. Mais cette génération passera et sa descendance sentira de plus en plus se relâcher les liens des parentés, des affections et des souvenirs. La longueur des distances raréfiera, entre alliés plus lointains, les relations désintéressées, les seules qui resserrent réellement l'alliance des cœurs. Enfin l'extinction progressive des derniers foyer communs, qui, en les réunissant, fusionnaient les âmes, obscurcira, entre hommes de même sang, la claire notion d'une fraternité vivante, pour ne laisser subsister que la vague impression des sentiments abstraits et impersonnels. Sans doute, pendant quelque temps encore, le flux des immigrations nouvelles viendra raviver chez les coloniaux la conscience de la communauté originelle ; mais un jour luira où, le nivellement s'étant produit, le flot immigrateur devra s'arrêter, faute de débouchés pour le recevoir. Sans doute il se trouvera toujours aux colonies un commerce et une industrie, des intelligences et des ambitions qui franchiront les mers, pour venir demander à la mère-patrie une part de sa richesse, de sa science, de ses arts, de ses emplois et de ses honneurs. Mais la grande masse qu'attache à son labeur la dure chaîne de la nécessité se trouvera de plus en plus enlisée dans la terre nouvelle ; de plus en plus son horizon se rétrécira à la limite des frontières de la petite patrie, qui, englobant tout ce qui est vivace au cœur de l'homme, ses affections naturelles et ses intérês matériels, relèguera de plus en plus loin à l'arrière-plan la grande patrie, berceau des ancêtres et cœur de la race. Pour ces coloniaux nés et grandis sous d'autres cieux, intimement imprégnés par la subtilité d'autres ambiances, la douce France ne sera plus qu'une froide abstraction noyée dans les brumes du Nord, ou tout au plus une de ces vieilles aïeules jamais vues, mais qu'on sait vaguement exister quelque part au loin dans un pays de rêve, auxquelles par tradition on envoie encore, aux jours sacramentels, un respectueux hommage, mais dont la mort, quand elle survient, ne cause aucune réelle douleur : car leur existence depuis longtemps déjà semblait moins une réalité qu'un souvenir. Cet état d'âme, s'il n'amène pas forcément la scission, la rend du moins possible et la prépare : car à l'heure inévitable où surgiront entre colonies et métropole les divergences et les conflits, ce ne sera pas dans des sentiments ainsi refroidis que se trouveront les réactifs capables de contrebalancer les énergies dissolvantes.

La force matérielle constituera-t-elle un lien plus durable que l'affection ?

Tout d'abord l'on est tenté de se demander jusqu'à quel point la logique des situations autorise à envisager une telle hypothèse. Une métropole dont le gouvernement intérieur est fondé sur la « déclaration des droits de l'homme » peut bien, sans mentir à son principe, conserver sur ses possessions une certaine tutelle : c'est la prérogative naturelle de la maternité et elle se trouve justifiée, du moment où le bien des pupilles tient une place suffisante dans les préoccupations de la tutrice. Mais on conçoit mal une autorité fondée sur une telle base qui ne reconnaîtrait, dans la gestion de son domaine colonial, d'autre droits et d'autres intérêts que les *siens propres* et invoquerait uniquement la supériorité de *sa force* pour les faire prévaloir.

Néanmoins, négligeant le côté inique et illogique de la question, nous ne voulons l'envisager que sous un seul aspect : La force est-elle suffisante pour assurer les hégémonies métropolitaines ? Nous ne le croyons point ! Il est évident que la première conséquence d'une politique ainsi qualifiée sera, chez les sacrifiés, l'éclosion et l'exacerbation de toutes les passions émancipatrices. Une lutte sourde s'engagera sans repos ni trêve entre la nation-marâtre et ses filles moralement révoltées, sans autre issue possible que l'anéantissement des unes ou l'expulsion de l'autre. Celle-ci se trouvera à perpétuité condamnée à la situation du dompteur en face du fauve. Comme il assigne à son terrible captif une dose de nourriture juste suffisante pour le faire subsister, elle devra parcimonieusement mesurer à ses prisonnières le degré de prospérité qu'il leur sera permis d'atteindre, de crainte que l'accroissement de leurs forces n'aggrave le danger de leurs rébellions. Mais des colonies anémiques restent forcément de *médiocres consommatrices*, de sorte que le but essentiel de la politique métropolitaine se trouve ainsi manqué. Mais il y a plus : la tyrannie de la force brutale n'est pas moins précaire que stérile. Non seulement l'ascendant du dompteur, mais sa vie dépendent d'une minute de distraction ou de faiblesse. Or la tension d'esprit et de volonté qu'un individu peut à la rigueur soutenir pendant la courte durée d'un spectable, il est matériellement impossible à une nation de les garder sans défaillances pendant tout le cours du développement de son histoire. Fatalement elle aura à subir des crises intérieures, politiques ou sociales, qui la distrairont de ses intérêts lointains ; il lui faudra jouer son jeu dans les grandes parties internationales ; peut-être défendre ses frontières et jusqu'à son existence. Ces époques de crises, où toutes ses forces vives devront refluer au cœur, seront nécessairement celles que choisiront les puissances rivales pour attaquer et envahir ses possessions d'outre-mer. Le désastre n'est-il pas fatal, si l'ennemi doit trouver, dès ses premières étapes, des populations frémissantes des abus endurés et des rancunes inassouvies, prêtes à l'acclamer en libérateur et à monter, à sa suite, à l'assaut des forteresses dégarnies de leurs défenseurs ?

Il en est des alliances entre colonies et métropoles comme de toutes les formes d'associations : Elles ne sont *solides et durables* que si *chaque allié y trouve une proportion suffisante d'avantages pour lui faire accepter franchement les inconvénients corrélatifs*. Ces conditions se trouvent-elles assurées, le lien subsiste, alors même que toutes autres circonstances sembleraient de nature à le briser : c'est ainsi que nos frères canadiens, malgré la persistance de leurs sympathies pour la France, s'accommodent parfaitement de la suprématie de l'Angleterre, qui a su accorder une part raisonnable à leurs aspirations et à leurs intérêts. Au contraire, cet équilibre se trouve-t-il rompu ? Ni la consanguinité la plus étroite ni la compression la plus dure ne parviennent à prédominer sur les forces dissolvantes ; la permanence des insurrections cubaines en fournit un vivant exemple. La question se réduit donc à rechercher quel est des deux régimes applicables aux colonies, *Assimilation ou Autonomie*, celui qui *balance le plus équitablement* les intérêts en présence.

La solution assimilatrice impose aux coloniaux de lourds et douloureux sacrifices. Des indigènes elle prétend exiger un renoncement absolu à tout ce qui tient profondément au cœur des races : à leurs lois, à leurs institutions, à leurs hiérarchies, fondées sur les traditions et croyances des ancêtres. Par sa monomanie d'innovation universelle, non seulement elle froisse les consciences, mais encore souvent elle porte inconsciemment atteinte aux intérêts. Par l'introduction de procédés de gouvernement formalistes, méticuleux et rigides, elle transforme en contrainte de tous les instants les chères habitudes de séculaire indépendance. Pour assurer le coûteux fonctionnement de ces mécanismes nouveaux, non contente d'appesantir de plus en plus les impôts consacrés par la coutume, elle leur superpose de nouvelles taxes d'importation étrangère, dont la mauvaise adaptation au milieu aggrave encore le poids... Que leur donne-t-elle en échange ? A peu près rien ! Car, par la force des choses, l'assimilation ne peut être que nominale et mensongère. Cette force des choses s'oppose à l'attribution au profit des indigènes de toute *sérieuse représentation* au sein du Parlement national, car, en raison de l'importance de la masse représentée, elle ne tarderait pas à contrebalancer et finalement à dominer la représentation métropolitaine. Elle s'oppose même à l'adoption de toute règle équitable dans la fixation de la composition des conseils locaux, où la suprématie ne peut être laissée à l'élément vaincu. — Le prix de tant de sacrifices imposés se réduit donc, en réalité, à la vague *promesse d'une naturalisation* effective et intégrale, mais ajournée à *échéance lointaine et indéterminée* et, de plus, *subordonnée* à la condition d'une *assimilation préalable* complète et définitive. Or, comme leurs préjugés ni, le plus souvent, leur religion même ne permettent aux indigènes de se résigner à une telle transformation, il se trouve que les *pertes réelles* par eux subies risquent de n'être jamais payées que de *compensations illusoires*.

Pour les colons eux-mêmes, le régime assimilateur n'est guère plus acceptable : car, pour eux aussi, il se réduit à une fallacieuse apparence. Ainsi que nous l'avons vu déjà, la juxtaposition et l'antagonisme des races ne permet pas à la métropole de déléguer à l'une d'elles l'exercice de sa souveraineté. Dès lors, la plus sérieuse prérogative que puisse assurer aux Européens la théorie assimilatrice est le droit d'envoyer siéger quelques représentants sur les bancs des Chambres françaises. Or ce privilège, néfaste pour les indigènes ainsi mis en état de flagrante infériorité, n'est que d'une faible utilité pour les bénéficiaires eux-mêmes. Car, infime comme le corps électoral dont elle émane, leur représentation, noyée dans la masse du Parlement métropolitain, est impuissante à fixer son attention incompétente et distraite sur les questions les plus essentielles à la prospérité coloniale. En somme, c'est une satisfaction à peu près platonique qui paie l'abandon fait par les Européens des colonies de la gestion de leurs affaires et de l'exercice effectif de leurs droits.

La balance que présentent annuellement les budgets de nos grandes colonies prétendues assimilées tendrait à prouver que la métropole n'a guère à se féliciter plus que celles-ci des effets du régime assimilateur.

Le régime autonome, au contraire, offre à tous les intéressés un ensemble d'avantages et de charges dont la netteté rend facile l'appréciation. Aux indigènes, il laisse la jouissance à peu près intacte de leurs institutions traditionnelles. A la colonie prise dans son ensemble, il abandonne la gestion et la disposition de l'intégralité de ses ressources ; bien plus, il la garantit par surcroît aux frais de la métropole contre toute agression à venir du dedans ou du dehors. A tous les éléments de la population coloniale il assigne, dans des conseils locaux, une représentation spéciale, *effective*, sans le concours de laquelle aucune mesure importante ne saurait être prise. Voilà la part de la colonie !... La part de la métropole, c'est la reconnaissance à son profit d'un droit supérieur de contrôle, planant de haut, incapable de paralyser les activités coloniales, mais suffisant pour sauvegarder, avec la suprématie nationale, l'intérêt essentiel de sa politique d'outre-mer : le maintien d'une *situation commerciale privilégiée* dans toute l'étendue de ses possessions.

En somme, le régime autonome est donc par essence un régime souple, favorable aux ententes et aux transactions. En imposant le minimum de froissements aux passions et aux préjugés, il est capable de concilier tous les intérêts, de laisser le champ libre à toutes les activités, de maintenir toutes les indépendances. Il peut créer des situations *sincèrement acceptables* pour tous et par conséquent fonder des rapports solides et durables entre colonies et métropoles.

Au contraire, de l'exposé qui précède il résulte que la solution assimilatrice ne peut engendrer qu'un régime de tyrannies et de chimères. Il annihile les colonies, en les absorbant dans la métropole ; il sacrifie les intérêts immédiats les plus pressants des unes et de l'autre à de vagues visées purement utopiques dans le présent et fort problématiques dans l'avenir. Chez tous indistinctement il ne peut donc produire que déceptions et mécontentements. La force seule est capable de l'implanter et de le maintenir, mais dans les conditions de précarité inhérentes à tout ce qu'elle fonde.

Ce simple rapprochement des deux systèmes doit suffire à établir quel est le plus capable de créer ces situations insolubles qui ne se tranchent que par des insurrections séparatistes. D'ores et déjà il paraît clair que ce n'est pas le régime autonome. Mais il nous reste à invoquer un autre argument de nature à dissiper les derniers doutes, s'il en subsistait encore.

Une des principales conséquences de l'autonomie est la reconnaissance légale de plusieurs éléments de population, leur soumission à des régimes distincts, en somme la *consécration en droit des divisions ethniques*. Ce corollaire, ne fût-il pas imposé par la force même des choses, n'en devrait pas moins être considéré comme *fort heureux*. Si, en effet, les rivalités de races compliquent infiniment l'administration intérieure des colonies, rien n'y consolide mieux les hégémonies métropolitaines. Tant que dure la dualité, pour chaque élément de population l'adversaire principal contre les résistances ou les empiétements duquel il faut lutter sans cesse, c'est la caste antagoniste. Or non seulement ces conflits dérivent les animosités loin de la métropole, mais il se trouve que, dans ces luttes intestines, chacun des adversaires a également besoin, sous des formes différentes, de l'appui métropolitain. Livrée à ses seules forces, la colonisation, archipel d'îlots perdus dans l'Océan barbare, serait bien vite submergée et anéantie ; pour sauvegarder son existence, il faut derrière elle la puissance ou tout au moins le prestige de la France. Mais, si sa force matérielle est insignifiante, son activité, son énergie morale, ses habiletés et ses ambitions sont grandes, et sa tactique permanente consiste à étendre par les lois les conquêtes qu'elle est impuissante à acquérir par la force. Sur ce nouveau terrain, c'est le barbare mal habile qui, à son tour, a besoin de l'intervention d'une autorité souveraine pour le défendre contre l'excès des prétentions et des convoitises. Ainsi, des deux côtés, le pouvoir central est un auxiliaire nécessaire, et cette nécessité, qui assure sa suprématie, durera autant que la dualité des races dans les colonies. Le régime autonome, qui, en organisant cette dualité, tend à la maintenir, est donc celui qui doit avoir les préférences de toute politique nationale consciente de ses intérêts.

Le régime dont jusqu'ici nous avons développé l'économie est celui qu'exige, à notre sens, la situation *présente*. Dans notre conviction, il doit pendant longtemps suffire à tous les besoins. Un temps viendra néanmoins où sa transformation, comme celle de toutes choses humaines, deviendra nécessaire. Ne fût-ce que pour mieux nous fixer sur la direction à suivre, il est intéressant de rechercher dans quel sens se fera cette évolution.

La cause profonde qui nécessitera un jour le remaniement de nos institutions coloniales, c'est l'impossibilité où se trouve toute puissance humaine d'empêcher *indéfiniment* le rapprochement de deux éléments ethniques juxtaposés. Dans cette hypothèse, deux grandes lois naturelles concourent invinciblement à l'unification : d'abord la loi de l'attraction des sexes, qui, dans des proportions variables suivant les mœurs, multipliera de plus en plus les croisements ; ensuite cette autre loi zootechnique qui, par la simple puissance de l'ambiance, condamne toute espèce animale importée dans un milieu différent à se rapprocher graduellement, même en restant pure, de l'espèce indigène similaire. Sous cette double influence, du creuset mystérieux où la nature élabore sa chimie des races sortira un jour, dans nos colonies, une *nouvelle formule d'humanité*. Dans quelles proportions les qualités et les défauts de ses éléments constitutifs y seront-ils fondus et fusionnés ? C'est le secret de l'avenir. Mais un fait est d'ores et déjà indéniable ; cette société nouvelle trouvera dans son unification un accroissement de force considérable. La métropole devra donc alors compter d'autant plus avec elle que, la fin des antagonismes de castes supprimant tout besoin de contrepoids pondérateur étranger, les colonies baseront désormais leur attitude exclusivement sur leurs convenances et non plus sur des nécessités.

La solution assimilatrice, chère à tant d'âmes françaises, sera-t-elle alors enfin applicable ?... Pas plus qu'aujourd'hui ! Car la race créée par la fusion des éléments ethniques coloniaux, pour être *unifiée*, ne s'en trouvera *pas davantage assimilée* à la famille française : la différence de son génie, le souci de ses intérêts *particuliers* et *la conscience de sa nouvelle force* lui feront refuser, comme un suicide, une absorption qui, avec son individualité, lui enlèverait toute indépendance. Si jusque-là la gestion métropolitaine *a été sage*, c'est-à-dire si dans l'exercice de sa suprématie elle n'a pas trop écouté la voix de l'égoïsme, l'attache néanmoins pourra encore subsister, mais à la condition de se relâcher progressivement, de façon à perdre de plus en plus, pour la colonie, tout caractère *d'entrave* et à ne conserver que celui de *lien moral*. Or il n'y a qu'un seul régime qui comporte une telle émancipation : celui que l'Angleterre concède à ses colonies de *pur peuplement*, c'est-à-dire *l'autonomie complète*, avec reconnaissance *de droits de souveraineté aux parlements locaux*. Telles seront les institutions que réclameront nos colonies, quand les puissances combinées du temps et des lois naturelles auront réalisé en elles *l'unité* définitive. La sagesse nous fera alors une loi de céder à ces revendications, contre lesquelles d'ailleurs nous ne saurions plus efficacement réagir. Mais cette époque est encore éloignée. Il serait absurde de baser notre politique actuelle sur une situation qui n'est pas près d'exister et dont la métropole a *tout intérêt à retarder l'avènement*. En attendant que sonne pour nos possessions d'outre-mer *l'heure lointaine de l'autonomie absolue*, la raison nous oblige à leur appliquer le seul régime que comporte leur état présent : une *autonomie relative*, c'est-à-dire *subordonnée à la haute direction et au contrôle métropolitains !*

VI

Conclusion.

Au moment de clore son travail, la préoccupation de l'écrivain se porte généralement sur la nature de l'accueil qui attend son œuvre. A cet égard, notre espérance risque peu d'être déçue : car d'avance nous considérons nos solutions comme ne devant satisfaire pleinement aucune des parties intéressées. La métropole, tout en étant sensible à la reconnaissance de son droit absolu de suprématie, trouvera que l'exercice lui en est bien parcimonieusement mesuré et il lui répugnera d'abdiquer la moindre parcelle des prérogatives dont, en fait, elle fait le moins volontiers usage. Les colons français se verront avec joie dotés d'une vie propre s'alimentant aux sources vives d'un budget distinct et ressuscitant leurs initiatives étouffées ; mais ils protesteront contre l'importance assignée à l'administration coloniale et surtout contre la sollicitude témoignée aux races assujetties. Pouvons-nous du moins compter sur la reconnaissance de ces dernières ?... Il faudrait pour cela s'illusionner étrangement sur leur puissance de compréhension ! Un peuple barbare mal gouverné est comparable à un enfant malade : si la douleur est trop aiguë, il se révolte ; si l'affection est trop profonde, il en meurt ; mais jamais il n'est capable de discerner clairement le mal qui le tue. Dans l'enchevêtrement complexe de nos mécanismes gouvernementaux, il ne voit que l'organe ultime par lequel il se trouve immédiatement atteint ; à lui vont toutes ses rancunes ainsi qu'à l'ensemble de la race conquérante responsable de son supplice. Quant à discerner l'enchaînement des causes secondes susceptibles d'alléger ou d'empirer son état, c'est une opération intellectuelle qui dépasse sa puissance d'analyse. Aussi un projet de réformes, quel qu'il soit, n'a-t-il à compter ni sur son approbation ni sur son blâme : le barbare ne sait juger qu'expérimentalement, d'après le degré de soulagement obtenu !...

Cette perspective d'un accueil plutôt hostile que bienveillant n'a rien toutefois qui nous décourage : car derrière la petite troupe des habiles rêvant l'accaparement à leur profit exclusif d'une entreprise fondée sur les sacrifices de tous, il y a la foule immense des hommes de bonne foi, dont la volonté, quand elle parvient à se fixer, balaie d'un souffle tous les tissus arachnéens de l'intrigue et de la cupidité. C'est à cette foule que nous nous adressons ; mais non pas, comme on pourra le croire, pour lui demander de ratifier de confiance nos opinions personnelles. Nous voudrions seulement lui faire entendre le langage suivant :

« La France achève d'acquérir un empire colonial « payé de votre or et de votre sang. Suivant le parti « qu'on en saura tirer, cette acquisition coûteuse peut « être la source inépuisable de vos prospérités ou le « gouffre où s'engloutira le dernier atome de votre puis- « sance. Or sachez bien que vos représentants, vos élus, « vos gouvernants s'intéresseront à cette question si « grave *exactement dans la mesure où vous vous y inté-* « *resserez vous-même* : c'est la conséquence fatale de « tout régime politique basé exclusivement sur l'élec- « tion. Si donc vous voulez qu'au stérile piétinement « sur place, aux apathies indéfinies coupées par des in- « termittences d'activités incohérents succède enfin une « marche progressive et raisonnée vers un but défini, il « faut avant tout qu'au sein de votre masse électorale « se forme un courant d'opinion assez puissant pour im- « poser une direction et renverser les obstacles ».

Ce que nous attendons du corps électoral métropolitain n'est évidemment pas une compétence approfondie sur les détails intimes des affaires coloniales ; nous avons vu plus haut qu'elle ne saurait être réclamée du Parlement lui-même. Il suffirait qu'une entente se fît sur les grandes lignes à assigner à notre politique d'outre-mer, sur nos vues définitives à l'égard des races assujetties, sur l'étendue des droits à reconnaître aux colons, sur le rôle et l'organisation de l'administration coloniale, sur la nature des rapports entre colonies et métropole, en un mot sur tous les points que nous avons déclaré devoir être tranchés par une Loi organique constitutionnelle. Ainsi circonscrite, la question, il nous semble, reste accessible à la moyenne de l'opinion française : car elle exige moins de connaissances spéciales que de logique et de simple bon sens. Le principal obstacle est le préjugé courant sur l'excellence *absolue* des théories politiques et sociales chères aux peuples civilisés ; mais, pour le vaincre, nous espérons qu'il doit suffira de faire ressortir, comme nous avons tenté de le faire, l'énormité des conséquences enfantées par nos institutions de droit commun, dès qu'elles sont transplantées en pays barbares. Notre conclusion est donc un appel à tous les hommes versés dans les hautes sciences sociales, économiques et politiques, à tous les hommes d'expérience et, d'une façon générale,à tous les hommes de haute culture intellectuelle. Aux premiers, nous demandons une concentration tout particulièrement intense de leurs efforts et de leurs lumières sur la question coloniale ; des derniers nous attendons une attention tout particulièrement bienveillante pour toutes les études qui paraîtront sur cet important sujet, leur discussion approfondie et la vulgarisation des solutions dont la critique aura fait ressortir la justesse.

La logique nous imposait le devoir de faire nous-même ce que nous réclamons des autres : c'est-à-dire de jeter dans le patrimoine commun l'humble contingent de notre expérience personnelle. C'est pourquoi nous avons entrepris cet ouvrage. Il eût pu être beaucoup plus étendu et beaucoup mieux documenté. Si nous nous sommes contenté d'appuyer nos raisonnements sur un petit nombre de faits connus ou faciles à contrôler, c'est que notre ambition a été bien moins de résoudre le problème que de *le nettement poser*. En toute matière, il est vrai, nous n'avons pas hésité à conclure, et très sincèrement nous croyons que nos conclusions, au moins dans leurs grandes lignes, sont celles que la nécessité impose. Mais notre conviction à cet égard fût-elle moins ferme, nous n'en eussions pas moins cru nécessaire de ne livrer à la discussion que des solutions *précises*, car ce n'est qu'avec ce caractère qu'elles peuvent être fructueusement soumises à la critique de l'opinion.

Quelle que soit la fortune de cet ouvrage, nous ne regretterons pas de l'avoir entrepris, si seulement il s'en dégage la claire vision des vérités suivantes :

1° La question coloniale est *une* : elle ne saurait être abordée par ses détails ; il faut qu'avant tout ses *principes généraux soient arrêtés dans leur ensemble*. Ce n'est qu'à cette condition qu'il sera possible de faire œuvre viable et féconde.

2° Elle doit être étudiée en suivant les règles de la science expérimentale, c'est-à-dire qu'il faut prendre comme point de départ la *situation de fait soigneusement analysée* et ne point s'emballer dans la voie d'illusions plus ou moins généreuses ou d'analogies plus ou moins chimériques ou superficielles ;

3° Enfin elle ne comporte que des *solutions transactionnelles*, c'est-à-dire assurant une part *équitable* de garanties efficaces aux divers intérêts en conflit : celui de la métropole, celui de la population française immigrée, celui des races indigènes.

TABLE DES MATIÈRES

TRAITÉES DANS L'OUVRAGE

Observations préliminaires.

PREMIÈRE PARTIE

CARACTÈRE MIXTE DE TOUTES NOS COLONIES. — IMPORTANCE DE LA QUESTION INDIGÈNE. — ASSIMILATION OU AUTONOMIE.

DEUXIÈME PARTIE

COLONISATION. — MOYENS PROPRES A L'IMPLANTER. — CONDITION CIVILE ET POLITIQUE DES EUROPÉENS ET DES MÉTIS.

TROISIÈME PARTIE

ADMINISTRATION INTÉRIEURE DES COLONIES. — ORGANISATION. — ATTRIBUTIONS. — CONTROLES.

QUATRIÈME PARTIE

RAPPORTS ENTRE LES COLONIES ET LA MÉTROPOLE.

Laval. — Imprimerie parisienne L. BARNÉOUD & Cie.

www.ingramcontent.com/pod-product-compliance
Ingram Content Group UK Ltd.
Pitfield, Milton Keynes, MK11 3LW, UK
UKHW012159240726
13966UKWH00002B/461

9 782013 421027